Stefan Wälchli · Glaubenswelten der Bibel

T0162905

TVZ

Stefan Wälchli

Glaubenswelten der Bibel

Eine kleine Geschichte des biblischen Glaubens
und der Entstehung der Bibel

T V Z
Theologischer Verlag Zürich

Wir danken
dem Synodalrat der Reformierten Kirchen Bern-Jura-Solothurn,
der Ulrich Neuenschwander-Stiftung und
dem Kirchgemeinderat der Reformierten Kirchgemeinde Worb
für die Unterstützung des Drucks.

Die Deutsche Bibliothek – Bibliografische Einheitsaufnahme
Die Deutsche Bibliothek verzeichnet diese Publikation in der Deutschen
Nationalbibliografie; detaillierte bibliografische Daten sind im Internet über
http://dnb.ddb.de abrufbar.

Umschlaggestaltung: Simone Ackermann, Zürich
Satz und Layout: Claudia Wild, Stuttgart
Druck: ROSCH-BUCH GmbH, Scheßlitz

BWHEBB, BWGRKL © 1994–2002 BibleWorks, LLC.
Die Schriften für das biblische Hebräisch und Griechisch werden verwendet
mit freundlicher Genehmigung von Bible Works, Software für biblische Aus-
legung und Forschung.

ISBN 978-3-290-17419-4
© 2007 Theologischer Verlag Zürich
www.tvz-verlag.ch
2. Auflage 2011

Inhaltsverzeichnis

Vorwort

Biblische Texte sind uns einerseits sehr vertraut, andererseits oft ein Rätsel. Angeregt davon, dass das Jahr 2003 zum Jahr der Bibel erklärt worden war, führte ich im Winterhalbjahr 2003/2004 unter dem Titel «Glaubenswelten der Bibel» eine Veranstaltungsreihe in der Kirchgemeinde Worb durch. Es ging darum, die geschichtlichen Hintergründe unserer Bibel und die Entwicklung biblischen Glaubens auf dem heutigen wissenschaftlichen Forschungsstand für ein breiteres Publikum darzustellen und damit vielleicht das eine oder andere Rätsel biblischer Texte zu entschlüsseln.

Aus den Manuskripten dieser Veranstaltungsreihe ist das vorliegende Buch entstanden. Ich habe sie nach und nach ergänzt und überarbeitet, nicht zuletzt auch aufgrund der Fragen der damaligen Teilnehmerinnen und Teilnehmer. Ihnen möchte ich an dieser Stelle ganz herzlich für ihr Interesse und ihr Nachfragen danken. Beides hat dazu beigetragen, dass der Gedanke an eine Publikation aufkam und die ursprünglichen Texte zu einem Buch reiften.

Dazu beigetragen haben auch Ute Wendler, Walter Dietrich und Philipp Sacher, die als Erste den ganzen Text lasen und mich ermutigten, diese Reise durch die Glaubens- und Entstehungsgeschichte der Bibel einer weiteren Öffentlichkeit zugänglich zu machen, ihrerseits aber auch auf viele mögliche Verbesserungen hinwiesen. Ihnen danke ich ganz herzlich für ihre Mühe und ihre Ermutigung. Ganz besonders danke ich meiner Frau Sabine Wälchli, die das ganze Projekt als kritische und motivierende Gesprächspartnerin begleitete und unterstützte.

Dem Team des Theologischen Verlages Zürich gilt ein besonderer Dank für die Aufnahme meines Textes in sein Verlagsprogramm und die sorgfältige Betreuung des Buchs.

Schliesslich danke ich dem Synodalrat der Reformierten Kirchen Bern-Jura-Solothurn, der Ulrich Neuenschwander-Stiftung und dem Kirchgemeinderat der Reformierten Kirchgemeinde Worb für namhafte Druckkostenzuschüsse, die die Drucklegung überhaupt erst ermöglicht haben.

Rüfenacht, im Sommer 2007   Stefan Wälchli

Glauben, Geschichte, Lebenswelt

Die Bibel als die Grundlage christlichen Glaubens ist ein Buch mit Geschichte. Ihre ältesten Texte sind etwa um 1000 v. Chr. entstanden, manche ihrer Stoffe reichen noch weiter zurück. Die jüngsten Bücher der Bibel dürften im Laufe des zweiten christlichen Jahrhunderts entstanden sein. So bilden sich in den Texten der Bibel mehr als tausend Jahre Glaubensgeschichte ab, und zudem stammen sie aus einer ganz anderen Welt als der uns heutigen Bibelleserinnen und -lesern vertrauten Gegenwart.

Dieser Umstand ist in seiner Bedeutung nicht zu unterschätzen, denn wenn Glauben mit dem Leben etwas zu schaffen hat, dann beeinflusst die Lebenswelt der Menschen auch die Art und Weise, wie sie ihre Gotteserfahrungen und ihren Glauben ausdrücken. Wenn beispielsweise der 23. Psalm von Gott als dem Hirten spricht, der den Psalmbeter mit Stecken und Stab durch das finstere Tal begleitet, dann greift er Bilder auf, die den Menschen in der bäuerlichen Lebenswelt des eisenzeitlichen Palästina bestens vertraut waren. Mit dem Bild des Hirten mit seinem Hirtenstab verbanden sie Geborgenheit und Sicherheit.

Für moderne Ohren klingen diese Bilder aber eher fremd, manche Konfirmanden setzten sich auch schon gegen das Bild Gottes als des Hirten zur Wehr, weil sie sich dadurch mit dummen Schafen verglichen sahen. So verändert die Veränderung der Lebensumstände die Wahrnehmung und Interpretation von Gottesmetaphern.

Da es etliche gute Publikationen zur Lebenswelt der Bibel gibt,[1] werden wir diesen Aspekt hier nicht weiter erörtern.

Dafür verdient der Aspekt der Geschichte hier Beachtung: Die Vorgänge in Politik und Weltgeschichte beeinflussen auch die Frage nach Gott und Glauben. Zum Beispiel haben die Terroranschläge des 11. September 2001 auch die Frage nach dem Zusammenhang

---

1   Vgl. z. B. Y. Aharoni, *Das Land der Bibel;* W. Zwickel, *Die Welt des Alten und Neuen Testamentes;* Th. Staubli, *Biblische Welten.*

von Religion und Gewalt in unserer Gegenwart zum Thema gemacht, über das in Zeitungen, Feuilletons wie auch in Kirchen und
Universitäten intensiv nachgedacht und debattiert wird.

In ähnlicher Weise wirkten sich auch in biblischer Zeit politische und wirtschaftliche Veränderungen auf die Glaubenserfahrungen aus: In den Tagen König Davids dominierten andere Fragen als
in der Zeit nach der Zerstörung Jerusalems durch die Babylonier,
und die im römischen Reich verfolgten Christen des 2. Jahrhunderts wurden von anderen Fragen umgetrieben als die Apostel in
den ersten Jahren ihrer Missionstätigkeit.

All diese durch die geschichtliche Situation bedingten Fragen
und Erfahrungen haben ihren Niederschlag in den Glaubenszeug-
nissen der Bibel gefunden – Lebenswelt, Geschichte und Glauben
haben sich in den Jahrhunderten der Entstehung der Bibel zu immer
neuen Glaubenswelten verbunden. Diesen verschiedenen Glaubenswelten geht dieses Buch nach.

Wenn wir so aber den biblischen Glauben im Zusammenhang
mit der Geschichte und den Veränderungen der Welt begreifen und
schildern wollen, dann werden wir auch die entsprechenden historischen Wissenschaften zu Rate ziehen. So beruht die folgende
Darstellung auf den Erkenntnissen der sogenannten historisch-
kritischen Exegese, wie sie in den letzten Jahrzehnten an den euro-
päischen theologischen Fakultäten gepflegt wurde und weiterhin
gepflegt wird.

«Historisch-kritisch» bezeichnet dabei nicht einen negativen
Blickwinkel, wie es der alltägliche Gebrauch des Wortes «Kritik»
vielleicht suggerieren könnte. «Kritik» im bibelwissenschaftlichen
Sinn bezieht sich auf den griechischen Ursprung des Begriffes:
κρινειν meint im Griechischen «genaues Hinsehen» oder «Erkennen». Es geht also darum, genau hinzusehen, die biblischen Texte
in ihrem historischen Kontext zu sehen.

Dafür hat die Exegese verschiedene Methoden entwickelt, die
die Geschichte eines biblischen Textes beschreiben. Mit der *Text-
kritik* wird die schriftliche Überlieferung eines Textes studiert. Aus
dem Vergleich verschiedener Handschriften kann erschlossen werden, welcher Wortlaut wohl am ursprünglichsten sein dürfte. Die
Literarkritik und die *Redaktionskritik* stellt Fragen nach der Entstehung dieses ursprünglichen schriftlichen Textes. Wurde er in
einem Stück verfasst oder hat er selber eine längere Geschichte?

Wurden mehrere kleinere Textstücke von Redaktoren zu einem grösseren Ganzen zusammengefasst? Wann könnte dies geschehen sein? Welche Glaubensüberzeugungen stehen hinter diesen Vorgängen?

Formkritik, Motivkritik und *Gattungskritik* fragen mehr nach der konkreten Gestalt eines Textes. Ist er eine Erzählung oder ein Gedicht? Gehört er in bestimmte Lebenszusammenhänge wie etwa eine Tempelwallfahrt oder eine Totenklage? Welche Bilder und Ausdrucksweisen werden benützt?

Die *Überlieferungskritik* schliesslich fragt nach der mündlichen Überlieferung von Stoffen, bevor sie die Gestalt eines geschriebenen Textes angenommen haben. Stehen hinter den biblischen Texten mündliche Überlieferungen? Welche Inhalte könnten solche gehabt haben?

Diese verschiedenen Methoden erlauben es, biblische Texte in historische Kontexte einzuordnen. Dafür braucht es aber auch die Ergebnisse der *allgemeinen Geschichtsschreibung* und der *Archäologie*. Diese geben der Geschichte des Gottesvolkes sozusagen den grösseren Rahmen und erlauben uns eine Vorstellung davon, wie Menschen in biblischen Zeiten gelebt haben.

In der Kombination erlauben die verschiedenen wissenschaftlichen Disziplinen, sich ein Bild der Geschichte des Volkes Israels und der Geschichte des biblischen Glaubens zu machen. Dabei wird es allerdings nicht zu vermeiden sein, dass es zu gewissen Enttäuschungen kommt. Nicht immer bestätigen archäologische Funde den Wortlaut der biblischen Erzählungen. So zeichnen beispielsweise die beiden israelischen Archäologen Israel Finkelstein und Neil A. Silberman in ihrer Zusammenfassung der archäologischen Funde in Palästina ein bescheideneres Bild der Geschichte Israels, als es aus der Sonntagsschule oder manchen monumentalen Filmproduktionen vertraut sein mag.[2] Daraus gleich die Unwahrheit der biblischen Erzählungen abzuleiten, wäre aber kurzschlüs-

---

2　I. Finkelstein und N. A. Silberman, *Keine Posaunen vor Jericho – Die archäologische Wahrheit über die Bibel*. Interessanterweise erschien das Buch in Englisch unter dem viel sachlicheren Titel *The Bible Unearthed. Archaeology's New Vision of Ancient Israel and the Origin of Its Sacred Texts*. Warum im deutschen Sprachraum ein so grosses Interesse besteht, neue wissenschaftliche Erkenntnisse oder auch nur schon Romane in einen skandalträchtigen Widerspruch zur Bibel zu setzen, kann hier nicht erörtert werden.

sig. Wohl ist historisch davon auszugehen, dass sich die Eroberung
Jerichos nicht mit dem Schall des Widderhorns zutrug. Für die
Glaubensgeschichte bedeutsam ist aber, dass gegen das Ende des
zweiten vorchristlichen Jahrtausends ein kleines Volk von Hirten
und Bauern im Bergland Palästinas sich gegen die stark befestigten
Städte durchsetzen konnte – militärisch gesehen aus einer Position
der hoffnungslosen Unterlegenheit heraus. Offensichtlich wurde
dieser – gewiss längere Zeit dauernde – Vorgang von den Israeliten
als Wunder erlebt und in die bildhafte Erzählung von der befestigten Stadt gekleidet, die durch den Schall des Widderhorns und Ge-
bet eingenommen wurde. Liegt demnach die wirkliche Wahrheit
dieser Erzählung nicht so sehr auf historischen Schlachtfeldern als
vielmehr in der religiösen Deutung der Geschichte durch den Glauben?

Wenn wir nach den biblischen Glaubenswelten fragen, werden
wir auf weitere solche Beispiele stossen und entdecken, wie Israel
und die junge Christenheit in biblischen Zeiten in der Geschichte
immer wieder vielfältige Gotteserfahrungen gemacht haben und
diese in die uns bekannten biblischen Texte fassten.

Doch bevor wir diese Entdeckungsreise beginnen, gilt es einen
ersten Blick auf das Buch zu werfen, das uns all diese Erfahrungen
überliefert.

Vom Papyrus bis zur Online-Bibel

Wenn wir heutzutage eine Bibel suchen, stossen wir auf ein äusserst vielfältiges Angebot: In fast allen Buchhandlungen sind verschiedene Bibelausgaben zu finden, von einfachen taschenbuchartigen Bibeln bis hin zu ganzen Softwarepaketen, von denen man sich die biblischen Texte in verschiedenen Sprachen oder Übersetzungen auf dem Computer nebeneinander darstellen lassen kann. Und sekundenschnell erledigt die Software auch die Suche nach bestimmten Begriffen in der Bibel – etwas, was vor ein paar Jahren noch mühseliges Blättern in dicken «Konkordanzen» erforderte. Und wer im Internet sucht, findet ebenfalls schnell online Informationen zur Bibel, kann ganze Bibeltexte abrufen und ausdrucken lassen oder einfachere Konkordanzrecherchen erledigen.

Doch der Weg von den alten Bibelhandschriften bis zu den Online-Bibeln war weit. Wir werden ihn in diesem Kapitel verfolgen und beginnen mit einem ersten Blick auf die Bibel selbst.

1. Die Bibel, eine Bibliothek

In unserem christlichen Umfeld sind wir es gewohnt, die Bibel als *ein* Buch zu verstehen. Wer in der Buchhandlung nach *der Bibel* fragt, erwartet selbstverständlich *ein* Buch zu erhalten. Oft spricht man ja auch vom «Buch der Bücher». In aller Regel wird man dann ein mehr oder weniger aufwändig gestaltetes dickes Buch erwerben, ausser der Buchhändler frage zurück, ob man nur das Neue Testament und die Psalmen oder eine Vollbibel kaufen möchte. Diese Frage zeigt bereits, dass die Bibel zwar als ein Buch gebunden wird, aber doch ganz verschiedene Teile enthält: Wenn wir das Inhaltsverzeichnis einer «Vollbibel» ansehen, dann entdecken wir je nach Ausgabe 66 oder 72 verschiedene Schriften, aufgeteilt in das Alte Testament, die Apokryphen und das Neue Testament.

Die Bibel ist also eigentlich eine ganze Bibliothek ursprünglich selbständiger Schriften. Dies zeigt sich bis heute daran, dass die verschiedenen Bibelausgaben diese Schriften auch verschieden ordnen.[3] Im Folgenden beziehen wir uns hier auf die Reihenfolge in der Zürcher Bibel.

1.1 Altes Testament

Der Name Altes Testament | Woher der Name «Altes Testament» genau stammt, ist bis heute unklar. Erstmals wird der «Alte Bund» in einem Kanonverzeichnis des Meliton von Sardes um 180 n. Chr. erwähnt, allerdings noch ohne die entsprechende Erwähnung eines Neuen Bundes. Faktum ist, dass wir Christen und Christinnen die Überlieferungen des Alten Testaments seit den ersten Tagen der Christenheit mit dem Judentum teilen. Allein der Name «Altes Testament» zeigt dabei auch schon eine Schwierigkeit an: Was für uns im Christentum das Alte Testament als ein Teil der Bibel ist, ist für Jüdinnen und Juden die ganze heilige Schrift. Oft spricht man darum heute vom «ersten Testament» oder von der «Hebräischen Bibel», um eine allfällige Abwertung – etwa im Sinne von überholt oder veraltet – des Alten Testaments zu vermeiden. Doch treffen diese beiden Ausdrücke auch nicht wirklich zu, denn wenn man von einem Ersten spricht, erwartet man immer auch noch etwas Zweites oder Neueres.

Ebenso befriedigt die Bezeichnung «Hebräische Bibel» nicht wirklich, denn die Schriften des תנך *(tenak)*, wie das Judentum seine heiligen Schriften bezeichnet, haben nicht dieselbe Funktion wie für uns Christen die Bibel. Hinzu kommt noch das Faktum, dass nicht alle Schriften des Alten Testaments auch wirklich nur auf Hebräisch geschrieben sind, es finden sich auch grössere Teile in Aramäisch. Ich erlaube mir also weiterhin, vom Alten Testament zu sprechen, und tue dies gerade nicht in einer Geringschätzung desselben oder des Judentums, sondern im Bewusstsein, dass dieselben Schriften für uns Christen in Verbindung mit dem Neuen Testament eine andere Bedeutung erhalten haben und die heiligen Schriften Israels im Judentum auf eine andere Weise weiterwirken.[4]

---

3   Man vergleiche dazu etwa die Inhaltsverzeichnisse der Einheitsübersetzung und der Lutherbibel.
4   Vgl. zur Frage des Namens und der Redeweise auch Ch. Dohmen/G. Stemberger, *Hermeneutik*, S. 11–22.

Der Umfang des Alten Testamentes | In den Bibelausgaben, die aus protestantischen Kirchengebieten stammen, wie etwa die Lutherbibel oder die Zürcher Bibel, zählt das Alte Testament 39 verschiedene Schriften. Es sind dies:

Die Geschichtsbücher

Die 5 Bücher Mose
(= die Tora des Judentums),
bestehend aus
- 1. Mose (Genesis)
- 2. Mose (Exodus)
- 3. Mose (Leviticus)
- 4. Mose (Numeri)
- 5. Mose (Deuteronomium)

Josua
Richter
Ruth
1. Samuel
2. Samuel
1. Könige
2. Könige
1. Chronik
2. Chronik
Esra
Nehemia
Esther

Die poetischen Bücher

Hiob
Psalmen
Sprüche
Prediger
Hohelied

Die prophetischen Bücher

Jesaja
Jeremia
Klagelieder
Ezechiel
Daniel
Hosea
Joel
Amos
Obadja
Jona
Micha
Nahum
Habakuk
Zefanja
Haggai
Sacharja
Maleachi

Dass gerade diese Schriften zum alttestamentlichen Kanon gezählt werden, ist eine Geschichte für sich. Festhalten kann man, dass dieser evangelische Kanon im Umfang dem Kanon der *Biblia Hebraica* entspricht, der sich im 2. Jahrhundert in der jüdischen Tradition entwickelt hat. Auf diesen hebräischen Kanon griffen die Reformatoren in Abgrenzung zur katholischen Tradition zurück, allerdings ohne auch die hebräische Reihenfolge zu übernehmen.

1.2 Die Apokryphen

Wenn man eine Bibel «mit Apokryphen» zur Hand nimmt, findet man weitere Schriften, die nicht zum eigentlichen Kanon des AT gehören. Es sind dies in der Zürcher Bibel von 1931 und der Lutherbibel:

In der Zürcher Bibel 1931	*Zudem in der Lutherbibel*
1. Makkabäer	Baruch
2. Makkabäer	Stücke zum Buch Ester
Judith	Stücke zum Buch Daniel
Tobit	Das Gebet Manasses
Jesus Sirach	
Weisheit	(diese Stücke werden nicht als
	eigentliche «Bücher» gezählt)

Der Name «Apokryphen» stammt aus dem Griechischen und bedeutet so viel wie «verborgene Schriften». Gemeint ist, dass diese nicht in gleicher Weise zum öffentlichen Gebrauch bestimmt sind wie die Schriften des Kanons. Sie stammen aus der griechischen Überlieferung des Alten Testaments, der sogenannten Septuaginta. Diese war als jüdische Übersetzung der hebräischen Schriften nach und nach in Ägypten entstanden, wo eine grössere Diaspora Griechisch sprechender Juden existierte. Der Umfang der Septuaginta-Überlieferung ist aber grösser als derjenige der hebräischen Schriften.[5] Ebendiese zusätzlichen Texte der griechischen Überlieferung gelten als Apokryphen.

Wie das rabbinische Judentum rechnen die protestantischen Kirchen die Apokryphen nicht zum hebräischen Kanon, während die katholische Kirche sie im Konzil von Trient 1546 ausdrücklich als Teil des Kanons benannte. Darum findet sich etwa in der Einheitsübersetzung des AT – wie in der griechischen Septuaginta – kein Teil «Apokryphen», sondern die einzelnen Schriften sind in die übrigen alttestamentlichen Schriften eingeordnet. Auch die apokryphen Stücke zum Danielbuch werden in katholischen Bibeln nicht gesondert geführt, sondern zum Danielbuch gezählt, das folglich in der Zürcher Bibel nur die Kapitel 1–12, in der Einheitsübersetzung aber die Kapitel 1–14 hat. Die Haltung der Reformatoren zu diesen Schriften kommt in der Äusserung Luthers zum Ausdruck, der sagte, sie seien «der Heiligen Schrift nicht gleich gehalten, und doch nützlich und gut zu lesen»[6]. Darum fehlen sie in vielen kleineren reformatorischen Bibelausgaben, werden aber in den

---

5   Die Gründe für diesen grösseren Umfang der Septuaginta sind vielfältig. Einerseits bestand zu ihrer Entstehungszeit noch kein festgelegter Kanon, andererseits umfasst sie wohl auch Schriften, die im griechisch sprechenden Judentum entstanden waren, für die es also gar keine hebräische Vorlage gab.

6   So im Inhaltsverzeichnis der Lutherbibeln von 1534 und 1545.

meisten grossen Bibelausgaben «mitgenommen». In der Zürcher Bibel von 2007 sind die Apokryphen aber nicht enthalten.

1.3 Das Neue Testament

Nachdem sich für die der Christenheit vorgegebenen Schriften der Hebräischen Bibel der Name «Altes Testament» eingebürgert hatte, wurden die neu entstandenen christlichen Schriften als «Neues Testament» dem christlichen Kanon hinzugefügt. Dies geschah nicht von heute auf morgen, sondern benötigte eine längere Zeit. Es war auch lange umstritten, welche Schriften genau zum Kanon des NT gehören sollten, und bis heute werden immer wieder Stimmen laut, die eine Erweiterung oder Verkleinerung des christlichen Kanons wünschen. Dennoch ist der folgende Umfang des Neuen Testamentes für alle christlichen Kirchen verbindlich (Auflistung nach der Zürcher Bibel):

Die Evangelien

- Matthäus
- Markus
- Lukas
- Johannes

Die Apostelgeschichte

Die paulinischen Briefe

- Römerbrief
- 1. Korintherbrief
- 2. Korintehrbrief
- Galaterbrief
- Epheserbrief
- Philipperbrief
- Kolosserbrief
- 1. Thessalonicherbrief
- 2. Thessalonicherbrief
- 1. Timotheusbrief
- 2. Timotheusbrief
- Titusbrief
- Philemonbrief

Die übrigen Briefe

- Hebräerbrief
- Jakobusbrief
- 1. Petrusbrief
- 2. Petrusbrief
- 1. Johannesbrief
- 2. Johannesbrief
- 3. Johannesbrief
- Judasbrief

Die Offenbarung des Johannes

Der Umfang des NT steht fest. Aber nicht alle Bibelausgaben ordnen alle Briefe gleich. Insbesondere der Hebräerbrief ist bei den einen unter den paulinischen, bei den anderen unter den übrigen Briefen zu finden.

1.4 Die Breite der Bibel und der Kanon

Allein der Blick auf das Inhaltsverzeichnis der christlichen Bibel
zeigt die ungeheure Breite dieser Bibliothek: Texte verschiedenster
Gattungen (Erzählung, Brief, Lied, Prophetenwort, um nur einige
zu nennen) sind hier miteinander verbunden. Die Texte sind auch
in verschiedenen Sprachen geschrieben (Hebräisch, Aramäisch und
Koine-Griechisch) und stammen aus ganz verschiedenen Epochen:
Da sind Erzählungen über die ersten israelitischen Könige (ca.
10. Jahrhundert v. Chr.) ebenso zu finden wie Briefe aus der Blütezeit des römischen Kaiserreiches (ca. 100 n. Chr.). Die Erzählungen
über die israelitischen Erzväter oder Mose berichten über Ereignisse aus noch früheren Zeiten, auch wenn sie wohl erst einige Zeit
nach den geschilderten Ereignissen niedergeschrieben wurden. Die
ganze Bibel mit ihren verschiedenen Schriften bildet also eine gewaltige Zeitspanne und Glaubensentwicklung ab.

Neben den Schriften, die wir heute in der Bibel wiederfinden,
gab es aber im Alten Israel ebenso wie im frühen Christentum immer auch andere Schriftstücke mit religiöser Thematik. Da und
dort wird dies auch in den biblischen Texten selbst sichtbar, wenn
etwa in den alttestamentlichen Königsbüchern immer wieder auf
die Chroniken der Könige von Juda und Israel verwiesen wird oder
wenn im Kolosserbrief 4,15 ein anderer Brief nach Laodicea erwähnt wird und die beiden Gemeinden aufgefordert werden, die
Briefe untereinander auszutauschen.

Im Laufe der Zeit entstand offensichtlich sowohl im Christentum als auch im Judentum das Bedürfnis, die verbindliche Glaubensgrundlage einzugrenzen. Schon im griechischen Prolog zum
Buch Jesus Sirach findet sich um 150 v. Chr. eine Aufzählung heili-
ger Schriften («Gesetz, Propheten und Schriften») und in den Kapiteln Sir 44–50 wird ein Geschichtsrückblick geboten, der viele
Inhalte des Alten Testaments erkennen lässt. Im Neuen Testament
wird auf «Gesetz und Propheten» Bezug genommen (vgl. Mt 7,12;
22,40; Lk 16,16; Joh 1,45; Röm 3,21), was offensichtlich eine gewisse Festlegung dieses Teils der Bibel Israels voraussetzt.

Im 1. Jahrhundert n. Ch. hat sich dann im Judentum der heutige *Kanon der Hebräischen Bibel* herausgebildet. Der Begriff «Kanon» leitet sich vom griechischen κανων ab. Dieser stammt seinerseits von der semitischen Wurzel *qan-* ab, die eine bestimmte

Schilfart bezeichnet, die sich zur Herstellung von Messruten eignet. «Kanon» bedeutet darum so viel wie «Grenze, Massstab»[7]. Dieser so verstandene Begriff wurde dann auf eine Sammlung der als Glaubensgrundlagen verbindlichen Schriften übertragen. Der antike jüdische Schriftsteller Flavius Josephus erwähnt kurz vor dem Jahr 100 n. Chr. jedenfalls erstmals einen jüdischen Kanon von 22 Schriften.[8] Sachlich gleiche Aufzählungen finden sich in den folgenden Jahrzehnten auch im Schrifttum der jüdischen Schriftgelehrten, wenn auch noch lange darüber diskutiert wurde, ob die eine oder andere Schrift – wie etwa der Prediger, das Esterbuch oder das Hohelied – wirklich zum Kanon gehören. Man kann darum die abschliessende Fixierung des Kanons nicht ganz genau datieren. Es scheint, dass der endgültige Kanon in den Diskussionen der Schriftgelehrten festgelegt wurde[9] und nicht zuletzt auch dem Bedürfnis des Judentums entsprang, sich neu zu konstituieren. Das wurde deshalb nötig, weil das Judentum nach der Zerstörung Jerusalems durch die Römer im Jahre 70 n. Chr. («jüdischer Krieg») in seinen Grundfesten erschüttert worden war. Diese damals festgelegten kanonischen Schriften wurden von den Schriftgelehrten fortan äusserst sorgfältig weiterüberliefert.

Im Bereich des Christentums entwickelte sich ebenfalls ein Kanon, bestehend aus Altem und Neuem Testament. Für das Alte Testament bezog man sich auf die griechische Überlieferung der Septuaginta, deren Umfang grösser ist als der der rabbinischen hebräischen Überlieferung.

Auch für die Schriften des Neuen Testaments ergab sich nach und nach ein Kanon, denn die verschiedenen christlichen Gemeinden pflegten untereinander den Austausch der für sie wichtigen Schriften. Zu diesen gehörten zuerst die paulinischen Briefe und die etwas später entstandenen Evangelien. Später kamen noch wei-

---

7   Im Altgriechischen etwa bei Homer wird das Wort κανων mehr im Sinne von «Stange» oder «Stab» benutzt. Die Bedeutung «Richtschnur», «Regel» oder «Massstab» entwickelte sich in der griechischen Philosophie. Über Aristoteles und Philo wurden Paulus und die junge Kirche Erben dieses Kanonbegriffes.

8   Josephus, *Contra Apionem, I,8.*

9   Oft wird in diesem Zusammenhang von der «Synode zu Jamnia» gesprochen, die als rabbinische Versammlung im Jahr 90 n. Chr. den Kanon fixiert habe. Ob diese Versammlung so je stattgefunden hat, ist in der Forschung allerdings umstritten.

tere Schriften dazu. Wann und wie die einzelnen dieser Texte entstanden sind, werden wir später genauer sehen.

Im Laufe des 2. Jahrhunderts ergaben sich nun allerdings Diskussionen darüber, welche der im Bereich des Christentums verbreiteten Schriften nun als verbindlicher Massstab, als Kanon
eben, zu betrachten seien. Der aus Kleinasien stammende Marcion
hatte in Rom und darüber hinaus eigene christliche Gemeinden gegründet, für die er einen eigenen Kanon schuf, der nur ein verkürz-
tes Lukasevangelium und eine verkürzte Sammlung von Paulusbriefen enthielt. Damit war dem Christentum die Frage nach
seinen Grundlagen gestellt, die nicht marcionitischen Gemeinden
mussten sich darüber einigen, welche der von ihnen gesammelten
Schriften denn nun als kanonisch galten.

Andererseits hatten sich besonders im Osten des römischen
Reichs Gruppierungen christlicher Gnostiker[10] gebildet, die ein
vielfältiges Schrifttum hervorbrachten. Davon sind heute insbesondere das Thomas- und das Judas-Evangelium wieder bekannt geworden. Auch von dieser Seite stellte sich den christlichen Gemeinden die Frage nach ihren Grundlagen.

Während über die vier Evangelien (Mt; Mk; Lk; Joh) relativ
bald nach 200 n. Chr. ein Konsens bestand, dauerte der Einigungs-
prozess für die weiteren Schriften bis ins Jahr 367 n. Chr., als Bi-
schof Athanasius für die Ostkirche den Kanon der 27 neutestamentlichen Schriften festlegte. Seine Festlegung wurde von der
Westkirche (Papst Innozenz I.) im Jahre 405 n. Chr. übernommen.

Während dieser neutestamentliche Kanon mit einzelnen Aus-
nahmen unbestritten blieb,[11] entstand in der Zeit des Humanismus
und der Reformation ein Disput um die Kanonizität derjenigen
Schriften des Septuaginta-Kanons, die in der Hebräischen Bibel

---

10   Als Gnosis wird eine griechische Geistesbewegung bezeichnet, die eine dualisti-
     sche Weltsicht vertrat: Wurde die reale Welt von einem bösen Schöpfergott ge-
     schaffen, galt es den wahren Gott des Lichts zu erkennen, der aus der Not der
     Welt erlöst. Das Christentum musste sich mit der Gnosis auseinandersetzen.

11   Erasmus beispielsweise hat an der Kanonizität einiger Briefe gezweifelt, und
     auch Luther betrachtete Hebräerbrief, Jakobusbrief, Judasbrief und Offen-
     barung als nicht wirklich zu den «Hauptbüchern» des NT gehörig. Diese Zwei-
     fel und Einwände blieben aber ohne Folgen für den Kanon.
        In neuerer Zeit wurde manchmal die Aufnahme des Thomas-Evangeliums in
     den Kanon gefordert, doch liess sich in Anbetracht seiner gnostischen Tenden-
     zen kein entsprechender, die Weltkirchen umfassender Konsens finden.

nicht enthalten sind. Wie wir bereits festgestellt haben, entschieden sich die Reformatoren für die *hebraica veritas* – die hebräische Wahrheit –, betrachteten die nur griechisch überlieferten Bücher als nicht wirklich zum Kanon gehörend und bezeichneten sie als Apokryphen. Sie nahmen damit einen Ausdruck des Kirchenvaters Hieronymus[12] auf. Die katholische Kirche dagegen hielt im Konzil von Trient 1546 ausdrücklich an der vollen Kanonizität dieser Schriften fest.

Dies bedeutet, dass es im Christentum heute letztlich zwei verschiedene Kanones gibt: Den reformatorischen und den katholischen. Die Gründe dafür liegen nicht so sehr in der Theologie, sondern primär bei den Vorgängen der Überlieferung, die diese biblischen Sammlungen hervorgebracht haben.

2. Die Überlieferung der Bibel

Wie also wurden die Schriften der Bibel überliefert? Vielleicht ist es sinnvoll, sich zuerst einmal die wichtigsten Abschnitte dieser Überlieferung vor Augen zu führen: Zuerst gab es die *Phase der Entstehung der einzelnen Schriften*. Im Einzelnen waren die Vorgänge, die zur Endgestalt eines biblischen Buches führten, dabei sehr verschieden: Der Apostel Paulus zum Beispiel diktierte einen Brief seinem «Sekretär» und fügte die Grüsse am Schluss mit eigener Hand hinzu (vgl. Gal 6,11ff). Im Falle der Königebücher erarbeiteten ein oder – wahrscheinlicher – mehrere Verfasser den Text aus schriftlichen Quellen, Chroniken, mündlichen Überlieferungen und Erzählungen. Im Hohelied oder dem Sprüchebuch wurden einzelne Gedichte, Lieder und Sprichworte gesammelt.

Nachdem eine biblische Schrift einmal entstanden war, folgte eine *Phase der vorkanonischen Überlieferung und Sammlung:* Die einzelnen Schriften werden weitergegeben, abgeschrieben, da oder

---

12 Der Kirchenvater Hieronymus (ca. 340–420) war einer der gebildetsten Kirchenväter. Bei seiner Arbeit an einer neuen lateinischen Bibel, der späteren Vulgata, fiel ihm der Unterschied zwischen griechischer und hebräischer Überlieferung des AT auf. Er prägte dann den Ausdruck «Apokryphen», ohne damit eine Unterscheidung im Rang oder der kanonischen Geltung dieser Schriften zu beabsichtigen.

dort ergänzt, in den Gottesdiensten gelesen und ausgelegt.[13] Die
Synagogen und ersten christlichen Gemeinden legten sich offensichtlich Sammlungen der für sie wichtigen Schriften an und
tauschten auch Schriften untereinander aus. Diese Sammlungen
bildeten dann später die Grundlage des Kanons. In dieser Phase
konnten noch verschiedene Fassungen desselben Buches kursieren.
Das Beispiel des Jeremiabuchs, das in der hebräischen Überlieferung einen anderen Umfang hat als in der griechischen, zeigt, dass
dasselbe biblische Buch den hebräisch und aramäisch sprechenden
jüdischen Gemeinden in Palästina anders vorlag als den griechisch
sprechenden Juden im hellenisierten Ägypten.

Nachdem der Kanon fixiert worden war, folgte die *Phase der
kanonischen Überlieferung*. In dieser wurde ein einmal als «heilige
Schrift» festgelegter Text möglichst exakt und überall gleich weiterüberliefert. Da die Überlieferung vor der Erfindung des Buchdrucks
nur durch Abschrift möglich war, konnten sich in dieser Phase
durchaus noch Fehler einschleichen und Veränderungen ergeben.

Nach der *Erfindung des Buchdrucks* konnten Bibeln in grosser
Zahl mit demselben Text (und denselben Druckfehlern ...) hergestellt werden. Der Wortlaut lag nun fest – im hebräischen und
griechischen Text, aber auch in den einzelnen Übersetzungen.

2.1. Voraussetzungen: Schrift und Schreiben

Dafür dass die Schriften der Bibel überhaupt entstehen konnten,
waren natürlich das Vorhandensein von Schreibmaterial und die
Verbreitung der Schrift die Voraussetzung. In Palästina war um das
Jahr 1000 v. Chr. beides längst gegeben, doch darf man sich die
Verhältnisse nicht gleich vorstellen wie heute. Es gab weder DIN
A4-Papier noch Papeterien und Volksschulen.

Mit dem Entstehen der Hochkulturen in Mesopotamien und in
Ägypten entwickelten sich an beiden Orten auch hochkomplexe
Schriftsysteme. In Mesopotamien benutzte man die Keilschrift, in
Ägypten das System der Hieroglyphen. Beide Schriftsysteme haben
ihren Ursprung in Bilderschriften, die weiterentwickelt wurden.
Und beide Systeme berücksichtigen das am jeweiligen Ort vorhan-

---

13 Vgl. z. B. Lk 4,16ff, wo davon erzählt wird, wie Jesus in der Synagoge in Naza-
    ret ein Stück aus dem Jesajabuch liest und für die Predigt auslegt.

dene *Schreibmaterial*: In Mesopotamien, wo man auch für die Bauten vor allem Ton verwendete, wurde die Keilschrift entwickelt: Mit kleinen «Keilen», einer Art Stempel, konnte man die Schriftzeichen in den weichen Ton der Tontäfelchen eindrücken. Auch konnte man die gleichen Zeichen in Stein meisseln.

In Ägypten, wo in den Sumpfgebieten entlang dem Nil die Papyruspflanze wuchs, hatte man entdeckt, wie man die Fasern dieser Pflanze gewinnen und in Schichten gepresst als Schreibmaterial gebrauchen konnte. Mit Tinte und Federkiel liess sich bequem auf diese Papyrusblätter schreiben.

Beiden Schriftsystemen gemeinsam ist, dass sie nur mit grossem Aufwand erlernt werden können, da sie eine grosse Zahl von Zeichen benötigen, die zudem noch verschiedene Bedeutungen und Funktionen annehmen können.[14] Aus ägyptischen wie mesopotamischen Texten ist bekannt, dass die Ausbildung eines Schreibers sehr lange dauerte und mühselig war. Demgemäss war der Kreis der schriftkundigen Personen klein.

Aufgrund des schon damals bestehenden Handels wie auch durch politisch-militärische Einflussnahme der verschiedenen Grossmächte im syrisch-palästinischen Raum waren beide Schriftsysteme auch im östlichen Mittelmeerraum bekannt. Die Beamten der babylonischen Herrscher und die Diplomaten der Pharaonen beherrschten neben ihrer eigenen Hieroglyphenschrift zumindest teilweise auch die akkadische Keilschrift. In den Archiven des Echnaton in Tell-el-Amarna sind Keilschrifttexte gefunden worden, die den internationalen Schriftwechsel des ägyptischen Pharaos widerspiegeln.

Im Laufe des 2. Jahrtausends v. Chr. hat sich dann im syrisch-palästinischen Raum aus der Keilschrift und den Hieroglyphen nach und nach die altphönizische Alphabetschrift entwickelt. Wie dies ganz genau ablief, wissen wir bis heute nicht, doch scheint man auf die Idee gekommen zu sein, die Silbenbedeutung der Keilschriftzeichen zu einer Buchstabenbedeutung weiterzuentwickeln: Das Zeichen erhielt die Buchstabenbedeutung des Silbenanlautes. Als Beispiel sei der erste Buchstabe des Alphabets genannt. Mit ei-

---

14 In beiden Schriftsystemen kann dasselbe Zeichen sowohl eine Wortbedeutung (*Logogramm*) als auch – unter Umständen und je nach Zusammenhang – verschiedene Lautwerte haben. Um diese einfacher unterscheiden zu können, wurden ergänzende Zeichen eingeführt, sogenannte *Determinative*. So zeigt im Akkadischen ein Stern an, dass von einer Gottheit gesprochen wird.

nem stilisierten Rinderkopf wurde das Wort *'alef*, «Rind», wiedergegeben. Das Zeichen konnte dann verkürzt nur den Anlaut *'a*
bedeuten, und so war der spätere Buchstabe א und dann auch das
griechische α geboren. Wie dies für verschiedene Buchstaben ge-
nutzt werden konnte, zeigt sehr anschaulich das Keilschriftalphabet
aus Ugarit, einer Stadt an der Mittelmeerküste Syriens. Die Ausgrabungen französischer Archäologen förderten in Ras-Shamra eine
umfangreiche Bibliothek von keilalphabetischen Texten zutage,
deren Inhalte einen hervorragenden Einblick in das Leben und
Denken sowie die religiösen Vorstellungen im syrisch-palästinen-
sischen Raum gegen 1400 v. Chr. bieten.

Für die Alphabetschrift von Ugarit wurde immer noch das System der in Ton gepressten Keile benutzt. Wie in den verschiedenen
semitischen Alphabetschriften üblich gibt sie auch nur die Konsonanten, nicht aber die Vokale wieder. Dennoch stellt ein solches
Schriftsystem einen gewaltigen Fortschritt dar, benötigt es doch
nur noch zwischen 20 und 30 Buchstaben gegenüber den mehr als
500 Silben- und Wortzeichen in der akkadischen Keilschrift.

An anderen Orten, vielleicht in der alten Handelsstadt Byblos
am Mittelmeer, ging man noch einen Schritt weiter. Man wandelte
die aus der Keilschrift bekannten und für semitische Sprachen ge-
eigneten Zeichen zu einer wie die Hieroglyphen mit Federkiel oder
Pinsel und Tinte kursiv schreibbaren Form um. So entstand das
altphönizische Alphabet,[15] das etwa zur Zeit des Königs David
auch im alten Israel in leicht modifizierter Form übernommen wurde. Es entstand die althebräische Schrift, die die gleichen 22 Konsonanten verwendete wie die heutige hebräische Schrift.

Mit dieser Schreibschrift liess es sich leicht auf verschiedene
Materialien schreiben und vor allem konnte sie auch einfacher erlernt werden als andere Schriftsysteme. Dennoch war damit noch
keine Alphabetisierung der ganzen Bevölkerung gegeben. Archäologische Grabungen haben aber doch gezeigt, dass an vielen Orten
im alten Israel, besonders seit dem 8. Jahrhundert v. Chr., mit
Schriftzeichen gekennzeichnete Gegenstände vorhanden waren

---

15 Auf diese phönizische Schrift geht übrigens auch das griechische Alphabet zu-
    rück, aus dem wiederum das lateinische Alphabet entstand, das heute rund um
    die Welt für fast jede Sprache verwendet werden kann!

1	2	3	4	5	6	7	8
𐤀	𐤀	א	𐌉𐌂	'	Aleph	1	A
𐤁	𐤁	ב	꓿	b	Beth	2	B
𐤂	𐤂	ג	ꒌ	g	Gimel	3	Γ
𐤃	𐤃	ד	ꒆ	d	Daleth	4	Δ
𐤄	𐤄	ה	ꒌ	h	He	5	E
𐤅	𐤅	ו	/	w	Waw	6	Y
𐤆	𐤆	ז	ꒉ	z	Zajin	7	Z
𐤇	𐤇	ח	꒐	ḥ	Chet	8	H
𐤈	𐤈	ט	ꙮ	ṭ	Tet	9	Θ
𐤉	𐤉	י	'	j	Jod	10	I
𐤊	𐤊	כ/ך	פכ	k	Kaph	20	K
𐤋	𐤋	ל	ꓲ	l	Lamed	30	Λ
𐤌	𐤌	מ/ם	אק	m	Mem	40	M
𐤍	𐤍	נ/ן	ננ	n	Nun	50	N
𐤎	𐤎	ס	O	s	Samech	60	Ξ
𐤏	𐤏	ע	ꙮ	'	Ajin	70	O
𐤐	𐤐	פ/ף	ꭍꙮ	p	Pe	80	Π
𐤑	𐤑	צ/ץ	ꭍ3	ṣ	Sade	90	
𐤒	𐤒	ק	ꓑ	q	Qoph	100	
𐤓	𐤓	ר	ꓪ	r	Resch	200	P
𐤔	𐤔	ש	ꬲ	ś/š	S(ch)in	300	Σ
𐤕	𐤕	ת	ꓹ	t	Taw	400	T

Abb. 1: Alphabete. 1. Spalte altphönizische Schrift, 2. Spalte althebräische Schrift, 3. Spalte hebräische Quadratschrift, 4. Spalte hebräische Kursive, 5. – 7. Spalte Lautwert, Name, Zahlwert, 8. Spalte entsprechender griechischer Buchstabe

und gerade im Bereich des Handels und des Militärs wie der Verwaltung Briefe und Mitteilungen geschrieben wurden.

Als Schreibmaterial verwendete man alles Mögliche: Beliebt waren die handlichen und billigen Tonscherben, meist Abfall aus dem Töpferalltag, auf die man mit Tinte kurze Notizen oder Mitteilungen schreiben konnte. Die Archäologen nennen diese *Ostraka* und haben auch solche aus dem Alten Israel gefunden.

In der Bibel wird auch berichtet, dass man in Fels meisselte[16], auf Holztafeln schrieb[17] oder in Steintafeln gravierte[18]. Für längere

---

16 Vgl. Hiob 19,24.
17 Vgl. die übliche Interpretation von Jes 30,8.

Abb. 2:   Lachisch, Ostrakon 4

Texte brauchte man aber aus praktischen Gründen den aus Ägypten bekannten und gelieferten, relativ preiswerten Papyrus. Mehrere Blätter wurden zu Rollen zusammengeklebt, wie man sie etwa in Qumran gefunden hat. Nach und nach wurde offensichtlich auch Leder verwendet, das ab 200 v. Chr. speziell behandelt und

18   So die Vorstellung von Gesetzestafeln Ex 34,1.

Abb. 3:   Qumran, Jesajarolle

als Pergament haltbarer gemacht werden konnte. Auch aus Leder
konnte man Buchrollen herstellen wie etwa die berühmte Jesajarolle aus Qumran.

Die meisten Bücher des AT dürften zuerst in althebräischer
Schrift auf Papyrus geschrieben worden sein. In persischer Zeit
setzte sich nach und nach auch die sogenannte Quadratschrift
durch, die uns als aramäisches und hebräisches Alphabet bekannt
ist. Bis heute werden in den Synagogen Buchrollen verwendet, wie
sie schon im Altertum bekannt waren. Da man Buchrollen entweder in der Hand halten oder auf einem Tisch aufrollen muss, ist die
Länge eines Buches wegen des Gewichts begrenzt. Dieser Umstand
erklärt etwa auch, weshalb es fünf Bücher Mose gibt: Mit dem gesamten Text wäre eine Buchrolle zu gross und zu schwer!

Die uns bekannte Buchform entstand nach der Zeitenwende
mit dem sogenannten *Codex*. Indem man Pergamentblätter zusam-
menheftete, konnten nun grössere Bücher angefertigt werden. Besonders im jungen Christentum benutzte man die Form des Codex
rege. Erstmals war es nun möglich, mehrere Schriften in einem
Buch zu vereinigen, die berühmten griechischen *Codices* der ganzen christlichen Bibel entstanden.

Abb. 4:   Codex Vaticanus

Da Papyrus sowie Pergament feuchtigkeitsempfindlich sind,
haben nur einige solcher Schriftstücke überlebt. Die meisten alten
Papyri wurden in Ägypten oder eben in Qumran gefunden, die wenigen einigermassen vollständigen Bibeltexte wie etwa der *Codex
Sinaiticus* oder der *Codex Vaticanus* stammen etwa aus dem späten
4. Jahrhundert.

2.2. Die Entstehung einer biblischen Schrift

Viele biblische Schriften haben ihren Ursprung in mündlichen Erzählungen. Die Geschichten von Abraham oder Mose etwa reichen
in eine Zeit zurück, in der noch kaum jemand hebräisch schreiben
konnte. Nach und nach wurden solche Erzählungen aufgeschrie-

ben, und es gibt viele Anzeichen dafür, dass die Einzelaufzeichnungen mit der Zeit zu umfangreicheren biblischen Büchern zusammengestellt wurden. Auch die meisten Prophetenbücher gehen wohl auf öffentliche Auftritte der einzelnen Propheten zurück, deren Worte und Handlungen dann weitererzählt, schriftlich festgehalten und gesammelt wurden. Andere Schriften, wie etwa die neutestamentlichen Briefe, die offensichtlich für eine bestimmte Situation verfasst wurden, entstanden von Anfang an als Schriftstück. Doch auch solche, von Anfang an schriftlich vorliegende Texte konnten weiterbearbeitet werden. Beispielsweise dürften die beiden Korintherbriefe der Bibel sekundär aus mehreren verschiedenen Einzelbriefen zusammengestellt worden sein.

Die genauen Vorgänge sind dabei für die einzelnen Schriften sehr verschieden, sie zu erschliessen ist Teil der sogenannten *Einleitungswissenschaft.* Wir werden da und dort auf solche Vorgänge noch zurückkommen.

2.3. Die vorkanonische Überlieferung

Wenn eine biblische Schrift einmal entstanden war, musste sie weiterüberliefert werden. Offensichtlich wurden die als wichtig betrachteten Schriften an verschiedenen Orten verwendet und gesammelt – man musste also Kopien weitergeben. Dies war nur durch Abschriften möglich. Wer in der Schule von der Wandtafel abschreiben musste, der weiss, dass Abschreiben die Tücke hat, dass sich nur allzu schnell Fehler einschleichen. Zugleich ist anzunehmen, dass die Abschreiber den Text auch da oder dort bewusst veränderten oder ergänzten. Vor der Kanonisierung störte dies gewiss noch niemanden, denn der Text war ja noch nicht verbindlich und noch nicht als «heilige Schrift» fixiert. Solche Veränderungen im Text führten dazu, dass von ein- und demselben Buch verschiedene Fassungen entstanden. Als weiterer Faktor ist zu berücksichtigen, dass abgegriffene und brüchige Schriftrollen oder Codices an den verschiedenen Orten je wieder neu abgeschrieben werden mussten. Dabei konnte man nicht immer dasselbe Original kopieren, sondern in Alexandria schrieb man von einer Abschrift ab und in Antiochia von einer anderen, nachdem das Original vielleicht irgendeinmal in Jerusalem kopiert worden war. So entstanden *lokale Texttypen.* Die Kenntnis typischer Abschreibfehler wie Doppelun-

gen, Buchstaben-Verwechslungen und Auslassungen erlaubt heute
den Fachleuten, die Zusammenhänge recht genau zu rekonstruieren und mit einiger Sicherheit den eigentlichen Urtext[19] zu rekonstruieren.

Für die *Schriften des Alten Testamentes* zeigt sich etwa, dass es
vor der Kanonisierung drei verschiedene Texttypen gegeben hat,
den massoretischen Typ, den samaritanischen Typ und den Septuaginta-Typ. Den Septuaginta-Typ kennen wir besonders durch die
griechische Fassung des AT, die ab etwa 250 v. Chr. in Ägypten entstanden war. Die in Ägypten lebenden, aber griechisch sprechenden
Juden benötigten eine Übersetzung des AT, und so entstand nach
und nach die Septuaginta. Berührungen mit den hebräischen Schriftrollen aus Qumran zeigen, dass nicht alle Abweichungen in der
Septuaginta durch die Übersetzungsarbeit begründet sind, sondern
dass es dafür in der Überlieferung hebräische Vorlagen gab. Dies erlaubt es, von einem eigentlichen Septuaginta-Typ zu sprechen.

Sehr wichtig wurde die Septuaginta für die griechische Welt,
die hier erstmals in ihrer eigenen Sprache mit den Texten des Judentums Bekanntschaft schliessen konnte, und noch mehr für die
christliche Kirche: Die in den griechischen und römischen Städten
entstandenen Gemeinden hatten mit der Septuaginta eine Übersetzung des AT zur Verfügung. So ist der Texttyp der Septuaginta bis
zur Reformation die Form des AT, die der Christenheit bekannt
war – und in den grossen Bibelhandschriften weitergegeben wurde.

Der massoretische Texttyp ist jener, der von den jüdischen
Schriftgelehrten gepflegt wurde, und der schliesslich dem hebräischen Kanon zugrunde lag. Auf diesen Texttyp greifen seit der ersten Zürcher Bibel nach der Reformation die meisten deutschen
Übersetzungen des AT zurück.

Der samaritanische Typ schliesslich wurde von der kleinen Kultgemeinde der Samaritaner gepflegt. Er umfasst im Wesentlichen die

---

19 Wenn vom «Urtext» gesprochen wird, stellt man sich idealerweise die Textfas-
    sung vor, die beim Abschluss eines biblischen Buches vorlag. Solche Original-
    texte hat man bis heute aber nicht gefunden, so dass nur die textkritische Re-
    konstruktion zum Urtext führen kann. Zudem ist es möglich, dass bereits vor
    der endgültigen Fertigstellung eines Buches Abschriften davon zirkulierten und
    so verschiedene Fassungen weitergegeben werden konnten. Als Beispiel dafür
    hat etwa das Jeremiabuch zu gelten. Die Phase der Textentstehung und der
    Textüberlieferung konnten sich also überschneiden.

fünf Mosebücher und dürfte bis in die Zeit der samaritanischen Abspaltung von der Jerusalemer Kultgemeinde zurückreichen.

Noch vielfältiger scheint die Entwicklung *neutestamentlicher Texttypen* gewesen zu sein: Jede christliche Gemeinde rund ums Mittelmeer und in Kleinasien führte ihre Bibliothek, indem im Austausch mit Nachbargemeinden Abschriften der ihr bekannten Evangelien und Briefe angefertigt und oft auch weitergegeben wurden. Bei jeder Abschrift werden allerdings nicht nur die Fehler der Vorlage weitergetragen, sondern es schleichen sich auch noch neue ein. Daraus ergibt sich eine Vielzahl von verschiedenen lokalen Texttypen. Als sich dann grössere Kirchengebiete entwickelten, wurden die innerhalb eines Gebietes vorhandenen Texte einander vermehrt angeglichen, es entstanden grosse Textfamilien wie etwa der byzantinische Mehrheitstext, der bis zur modernen Forschung am Neuen Testament der vorherrschende griechische Bibeltext war.

2.4. Die Überlieferung nach der Kanonisierung

Die Entstehung des Kanons hatte im Judentum und im Christentum grossen Einfluss auf die weitere Überlieferung des biblischen Textes. Es galt nun, die einmal als «heilige Schrift» bestimmten Texte möglichst exakt und fehlerfrei weiterzugeben. Besonders für die jüdischen Schriftgelehrten stellte dies eine grosse Herausforderung dar. Bis jetzt hatte man nicht vokalisierte hebräische Texte überliefert, die nur für wenige Gelehrte einwandfrei verständlich waren, denn die meisten Jüdinnen und Juden sprachen im Alltag nicht mehr hebräisch, sondern griechisch, aramäisch, lateinisch oder sonst eine lokale Sprache. Die Schriftgelehrten entwickelten deshalb über die Jahrhunderte ein System mit Punkten und Strichen über oder unter den Konsonanten, um die Vokale zu ergänzen. Zudem fügten sie dem Haupttext komplexe Randbemerkungen hinzu, die *Massora*, als Sicherungen gegen Abschreibefehler. Mit der Zeit entstanden so die grossen *massoretischen* Bibelhandschriften, die auch unseren heutigen Bibelausgaben zugrunde liegen. So bezieht sich etwa die *Biblia Hebraica Stuttgartensia* der deutschen Bibelgesellschaft, die in der alttestamentlichen Forschung als Grundlage benützt wird, auf den sogenannten *Codex Leningradensis,* eine aus dem Jahre 1008 n. Chr. stammende massoretische Handschrift.

Im Bereich des Christentums wurde die Bibel überwiegend in ihrer griechischen oder lateinischen Fassung überliefert. Eine besondere Stellung nahmen dabei sehr schnell die Klöster ein, in denen gelehrte Mönche mit grösster Sorgfalt kunstvolle Abschriften der ihnen bekannten Bibeltexte anfertigten. Auch hier wurde Wert auf exakte Arbeit gelegt. Auch wenn keine speziellen Systeme zur «Qualitätssicherung» entwickelt wurden, war doch die griechische bzw. lateinische Schrift von Anfang an besser lesbar und erleichterte manches.

Man muss sich bewusst sein, dass der Besitz einer Bibelhandschrift in der damaligen Zeit eine Seltenheit war: Eine Bibelausgabe, an der mehrere Schreiber wochen-, wenn nicht monatelang gearbeitet hatten, war teuer. Etwas ganz Besonderes war eine Bibel auch darum, weil die wenigsten Menschen lesen konnten und noch weniger lateinisch, griechisch oder hebräisch sprachen. Die Bibel als Buch zu besitzen, war ein Privileg von Kirchen und Klöstern einerseits, gebildeten Reichen und wenigen Gelehrten andererseits. Dies erklärt auch, weshalb schon früh erste Übersetzungen der Bibel angefertigt wurden wie zum Beispiel die gotische Übersetzung Wulfilas (nach 350 n. Chr.), diese sich aber nicht weit verbreiteten.[20] Dafür finden sich in der christlichen Kunst unzählige Beispiele von Bilderbibeln, oft an die Wände und Gewölbe von Kirchen gemalt, die der breiten Bevölkerung biblische Erzählungen nahebringen sollten. Ebenso gab es im späteren Mittelalter viele sogenannte Armenbibeln, die einzelne Begebenheiten aus biblischen Erzählungen mit Bildern darstellen. Um eigentliche Bibelausgaben handelte es sich dabei allerdings nicht.

---

20 Deutsche Bibelübersetzungen sind seit den Tagen Karls des Grossen bezeugt – sei es von Teilen der Bibel oder des gesamten Textes. Sie waren meist das Werk einzelner Gelehrter (wie des St. Galler Mönchs Notker Labeo um 1000) und blieben in ihrer Verbreitung sehr beschränkt. Z.T sind solche Übersetzungen auch nur indirekt bekannt, etwa aus ihrer Erwähnung in Briefen oder anderen Büchern, die Handschriften aber sind verschollen.

Abb. 5:   Armenbibel von 1471

2.5 Die Erfindung des Buchdrucks
und die reformatorischen Übersetzungen

Als Johannes Gutenberg um 1440 den Buchdruck erfand und damit die Verbreitung von geschriebenen Texten ungeheuer vereinfachte und verbilligte, entstanden sofort auch Bibeldrucke. Schon 1452 erschien bei Gutenberg in Mainz die erste lateinische Bibel, sehr bald folgten auch hebräische Drucke für die Rabbiner[21] und Übersetzungen der Bibel in verschiedene Sprachen[22]. Da in der katholischen Kirche aber ohnehin der lateinische Text der auf Hieronymus zurückgehenden Vulgata als massgeblich galt, konnten sich diese ersten Übersetzungen nicht durchsetzen.

Eine massive Veränderung der Bibelausgaben ergab sich mit der Forderung der Reformatoren, die Bibel dem ganzen Volk in dessen Sprache zugänglich zu machen. Martin Luther übersetzte während seines Aufenthaltes auf der Wartburg das Neue Testament ins Deutsche seiner Zeit. Im Unterschied zu anderen Übersetzungen griff er dabei auf den griechischen Text des NT zurück. Dank der recht grossen Auflage und des reformatorischen Bedarfs nach einer guten deutschen Übersetzung verbreitete sich die Luther-Übersetzung in Windeseile und wurde nach ihrem ersten Erscheinen 1522 in Wittenberg auch vielfach nachgedruckt. Während Luther zusammen mit Philipp Melanchthon und anderen Gelehrten in seinem Umfeld an der Übersetzung der ganzen Bibel weiterarbeitete und sich für das AT auf den hebräischen Text bezog, begann in Zürich unter Zwinglis Führung eine Gruppe von Pfarrern und Gelehrten in der «Prophezei» ab 1525 mit der Übersetzung der ganzen Bibel. Dabei bezog man sich für das NT auf Luthers Text, überarbeitete diesen zunächst nur und passte ihn an die schweizerischen Sprachbedürfnisse an. Das AT wurde direkt aus dem hebräischen Text übersetzt, und schon 1529 lag die erste

---

21   Schon 1516 wurde in Venedig die erste auf den massoretischen Handschriften basierende Rabbinerbibel gedruckt.

22   1466 beispielsweise druckte J. Mentelin in Strassburg eine etwa 100 Jahre zuvor in Bayern entstandene deutsche Bibelübersetzung, die an verschiedenen Orten nachgedruckt wurde. Wegen der relativ kleinen Auflage und des entsprechend hohen Preises und einiger sprachlicher Mängel (kein zeitgenössisches Deutsch) vermochte sie sich allerdings nicht weit zu verbreiten.

Zürcher Bibel vor, noch bevor Luthers Übersetzung 1534 vollständig erschien.

Neben der grossen sprachlichen Leistung – die Bibelübersetzung Luthers wurde zu einem Markstein hochdeutscher Sprachentwicklung – setzten die beiden reformatorischen Bibelausgaben auch sonst neue Zeichen: Sie bezogen sich auf die Überlieferung in der Ursprache und machten die Bibel weiten Teilen der Bevölkerung zugänglich. Da diese Übersetzungen von Anfang an in grossen Auflagen erschienen, waren sie zudem auch für normale Bürger erschwinglich.

Die beiden Forderungen nach wissenschaftlicher Exaktheit und einer zeitgemässen Sprache bewirkten aber auch, dass die Bibel immer wieder neu übersetzt werden musste. In Bern etwa entstand nach 1600 die Piscator-Bibel (Drucke ab 1602), die neue Massstäbe bezüglich der Genauigkeit setzte, sprachlich aber eher für eine gebildete Schicht bestimmt war. Dennoch wurde sie zur offiziellen Übersetzung der Berner Kirche (ab 1684).

Im Zuge der Aufklärung und mit der Entstehung der «kritischen» Wissenschaften, aber auch mit der Entdeckung alter Handschriften, die zu neuen Erkenntnissen über den griechischen oder hebräischen Text führten, zeigte sich immer wieder die Notwendigkeit, die Übersetzungen anzupassen.

Besonders im Bereich der reformatorischen Kirchen entstanden so ab dem Ende des 18. Jahrhunderts unzählige Bibelübersetzungen, die sich hinsichtlich Qualität und Ausrichtung unterscheiden. Zu nennen sind etwa Bengel, De Wette, Schlachter, Brockhaus, die Elberfelder Bibel, Herders Bibelausgaben und viele mehr. Und auch die Zürcher Bibel wurde im 18. Jahrhundert neu revidiert und von 1907 bis 1931 vollständig neu übersetzt. Die Zürcher Bibel gilt seit jeher, vor allem aber seit 1931 als qualitativ beste Bibelübersetzung, was den Kompromiss zwischen Exaktheit und Verständlichkeit betrifft.

Der Vollständigkeit halber sei angemerkt, dass sich heute auch in anderen Sprachen eine Vielfalt von Bibelübersetzungen findet. Nach 1800 sind weltweit Bibelgesellschaften entstanden, die sich die Übersetzung und Verbreitung der Bibel zum Ziel gesetzt haben.

Ein weiterer wesentlicher Aspekt der Entwicklung nach der Reformation stellt die Erarbeitung und Herausgabe möglichst exakter hebräischer und griechischer Bibeldrucke dar. Bereits 1516

Abb. 6:   Titelblatt der Zürcher Bibel von 1531

wurde in Basel ein von Erasmus bearbeitetes griechisches Neues Testament gedruckt. Seither sind in kontinuierlicher Arbeit immer wieder neue Ausgaben des griechischen und hebräischen Textes entstanden, die die Vielfalt der Textüberlieferung berücksichtigen. In wissenschaftlichen Apparaten werden die bekannten Abweichungen zum gedruckten Text aufgeführt, so dass alle Benutzer und Benutzerinnen selber die Möglichkeit haben, die Zuverlässigkeit des Textes zu prüfen.

2.6 Neuere Entwicklungen: Revisionen und Computerbibeln

Die Entwicklungen in der Wissenschaft, im Leben der Kirchen und bei den Kommunikationsmitteln unserer Gesellschaft haben sich fortgesetzt. Der Wunsch nach einer möglichst verständlichen Bibelübersetzung ist dringender denn je. Dies hat sowohl Übersetzungen wie die «Gute Nachricht» hervorgebracht als auch Revisionen der grossen Bibelübersetzungen bewirkt. Seit 1984 gibt es die revidierte Lutherbibel, und in den letzten Jahren hat eine hochkarätige Arbeitsgruppe auch die Zürcher Bibel völlig neu übersetzt. Nach ersten Ausgaben des NT und der Psalmen (1996) ist die vollständige neue Zürcher Bibel im Sommer 2007 erschienen.

Auf katholischer Seite ist nach dem Zweiten Vatikanischen Konzil und der Gottesdienstreform (Gottesdienste in der Landessprache) die Einheitsübersetzung entstanden, die für das NT und die Psalmen auch als eine gute ökumenische Übersetzung gilt.

Völlig neue Möglichkeiten der Bibelverbreitung hat die EDV eröffnet. Es gibt derzeit eine schon bald unübersehbare Menge an Bibeltexten, Konkordanzen und Lehrmitteln zur Bibel, die auf CD-ROM erhältlich oder im Internet abrufbar sind. Allerdings ist die Qualität mancher dieser im Internet oder im christlichen Buchhandel erhältlichen Computer-Bibeln zweifelhaft. Jedermann kann heute mit wenig Aufwand seine eigene Bibel ins Netz stellen und kommentieren, aber nicht immer sind dies gute Übersetzungen oder Auslegungen. In ähnlicher Weise stammen viele der Bibel-Spiele etc. aus dem Milieu bestimmter religiöser Gemeinschaften, die auf diese Weise ihre jeweilige Glaubensauffassung verbreiten.

Weiterhin bleibt es damit die Aufgabe der Kirchen, theologischen Fakultäten und Bibelgesellschaften, für eine sorgfältige Weitergabe der Bibel Sorge zu tragen. Der Computer mit seinen Mög-

lichkeiten kann dabei wertvolle Hilfe leisten, nach wie vor aber gilt
es, wissenschaftlich und sprachlich verantwortet Entscheidungen
zu fällen, wenn es um die Rekonstruktion des hebräischen und
griechischen Urtexts geht oder um die Formulierung einer guten
Übersetzung. Dabei kann immer nur Vorläufiges erreicht werden:
Sowohl die Rekonstruktion des Urtextes mit den Mitteln der *Text-
kritik* als auch die Übersetzung stellen immer nur eine Annäherung
an das Ideal der Richtigkeit dar. Es dennoch zu versuchen, lohnt
sich aber allemal!

Der Gott der Befreiung

Die Väter, das Sklavenhaus Ägypten und der Exodus

Die Erzählungen des Alten Testaments setzen Gen 1–11 mit der sogenannten Urgeschichte ein, die von der Entstehung der Welt handelt. Danach beginnt Gen 12 eine grosse Erzählung über die Geschichte Israels und seiner Vorfahren, die letztlich über alle fünf Mosebücher bis in die Königebücher hineinreicht. Den Anfang machen dabei die «Vätergeschichten» in Gen 12–50. Es geht um die Geschichten Abrahams, Isaaks, Jakobs und seiner Söhne. Mit dem Abschnitt Gen 37–50 nimmt darin auch die Josefsgeschichte viel Raum ein. Sie erzählt vom Schicksal Josefs, der als Sklave nach Ägypten verkauft wird, dort aber durch Gottes Gnade und seine Weisheit zum Wesir aufsteigt und als solcher nicht nur Ägypten, sondern auch seinen Vater und seine Brüder vor der Hungersnot rettet. So übersiedelt Jakob mit seinen Söhnen ebenfalls nach Ägypten, wo die Grossfamilie zu einem Volk heranwächst. Im Buch Exodus wird dann erzählt, wie ein neuer Pharao das Volk der Israeliten unterdrückt und zu schwerer Fronarbeit zwingt. Mose, der Verfolgung der Ägypter entronnen, flüchtet nach Midian, wo er als Hirt Gott begegnet. Mit dem Auftrag, sein Volk zu befreien, kehrt er nach Ägypten zurück und tritt dem Pharao gegenüber. Nach einer harten Auseinandersetzung, in die Gott mit den zehn Plagen eingreift, können die Israeliten endlich das Sklavenhaus verlassen und durch das Schilfmeer und die Wüste zum Gottesberg ziehen, wo sie Gott begegnen und die Schrifttafeln mit den Zehn Geboten und die weiteren Gesetze erhalten (Ex 19ff). Nach den Irrungen und Wirrungen am Gottesberg (vgl. die Geschichte vom goldenen Kalb, Ex 32) und während einer langen Wüstenwanderung gelangt das Volk schliesslich an die Grenze des verheissenen Landes (Lev 32ff). Das fünfte Mosebuch, das Deuteronomium, bietet schliesslich in der Gestalt einer stilisierten Rede Moses einen

Geschichtsrückblick ebenso wie die Erzählung von der erneuten Gabe der Gesetze im Hinblick auf das Leben im gelobten Land.

Die hier knapp skizzierten Erzählungen sind für Juden wie Christen grundlegend, doch fällt es schwer, sie in die sonst bekannte Weltgeschichte einzuordnen. Es fehlen in den biblischen Erzählungen konkrete Angaben zu den handelnden Personen; der Pharao der Auszugserzählung etwa bleibt anonym, und es sind keine der aus der Geschichte des Alten Orients bekannten grossen Ereignisse angesprochen. Wir können daher diese Erzählungen nicht unbesehen als historische Berichte verstehen, sondern haben nach den darin enthaltenen Erinnerungen genauer zu fragen.

1. Die Väter Israels: Abraham, Isaak, Jakob

1.1. Zur geschichtlichen Situation und zur Quellenlage

Über die Geschichte des Alten Orients und Palästinas in der zweiten Hälfte des 2. vorchristlichen Jahrtausends wissen wir dank der Archive der grossen Kulturen recht gut Bescheid. Ohne auf die Details einzugehen, kann man festhalten, dass Syrien und Palästina im Schnittpunkt der Interessen dreier Grossmächte lagen: Von Norden her versuchten die Hetiter Kontrolle über die Handelswege entlang dem Mittelmeer und durch Syrien zu erlangen, von Süden her strebte Ägypten nach dem gleichen Ziel, und im nördlichen Zweistromland hatten zunächst das Reich von Mittanni und dann die mittelassyrischen Herrscher die Kontrolle erlangt und versuchten, nach Westen auszugreifen. In Palästina und Syrien gab es viele kleine Herrschaftsgebiete rings um einzelne Städte, die je nach Verlauf der Weltgeschichte dem einen oder anderen Herrscher unterworfen waren. Die Archive der ägyptischen Pharaonen zeigen, dass viele Städte entlang dem Mittelmeer und im Gebiet des späteren Israel Ägypten tributpflichtig waren, vom Pharao aber auch militärische Hilfe verlangten, wenn sie einer Bedrohung ausgesetzt waren.

Zwischen den Stadtstaaten mit ihrem Umland gab es grosse Teile Niemandsland, insbesondere in den gebirgigen Gegenden Palästinas. In diesen Gebieten bewegten sich offenbar verschiedenste Menschengruppen, die manchmal auch mit den Städten in Konflikt

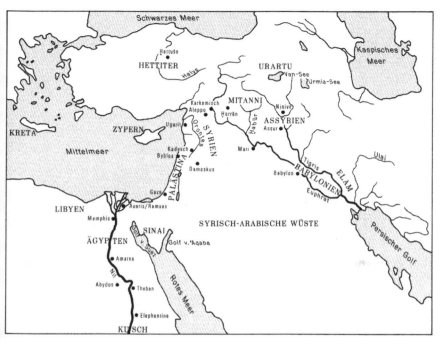

Abb. 7:   Der Alte Orient im 2. Jahrtausend vor Christus

kamen. Um einen solchen Konflikt geht es etwa im Brief des Jerusalemer Stadtkönigs Abdi-Cheba an Pharao Amenophis IV. aus der Zeit um 1360 v. Chr. Er beklagt sich über Angriffe des Stadtkönigs von Geser wie auch Angriffe der *Chapiru* und bittet den Pharao um sein Einschreiten.[23] Inwiefern diese *Chapiru* mit den späteren Hebräern in Verbindung zu setzen sind, ist unklar, ihre Erwähnung in verschiedensten Briefen und Inschriften der Pharaonen zeigt aber, dass sie für die damaligen Staatsgebilde ein ernsthaftes Problem darstellten, das sich gegen 1200 v. Chr. zunehmend verschärfte. Aufgrund verschiedenster altorientalischer Texte nimmt man heute an, dass diese *Chapiru* Menschen waren, die aufgrund sozialer und wirtschaftlicher Missstände gezwungen waren, ihre Heimatstädte zu verlassen und ihr Glück in der Fremde zu suchen. Ei-

---

23   Vgl. K. Galling, *Textbuch zur Geschichte Israels*, S. 25 f.

nige dieser Menschen scheinen als Arbeiter sesshaft geworden zu
ein, andere dienten als Söldner, nochmals andere mussten sich in
den unbesiedelten Gebieten Syriens und Palästinas durchschlagen.

Die Pharaonen reagierten auf die instabile Situation in Palästina und Syrien immer wieder mit Feldzügen, in denen sie abtrünnige Fürsten zu unterwerfen und ihr Einflussgebiet gegenüber den Hetitern zu sichern versuchten. Ramses II. gelang nach der Schlacht von Kadesch am Orontes 1285 v. Chr. die Stabilisierung der Grenze im Norden und ein Friedensschluss mit den Hetitern, doch musste er auch danach weitere Feldzüge nach Syrien und Palästina unternehmen. Nicht allzu lange nach seinem Tod endete die ägyptische Herrschaft über Palästina unter dem Ansturm der Seevölker um 1200 v. Chr.

Interessant und rätselhaft zugleich ist in diesem Zusammenhang die Erwähnung eines «Israel» im Siegeslied Merenptahs, des Sohnes von Ramses, aus dem Jahr 1219 v. Chr. Inmitten einer Aufzählung unterworfener Gebiete und Städte in Palästina wird dieses Israel im Hieroglyphentext als Volk gekennzeichnet, ohne dass über dessen Wohnbereich oder Grösse etwas gesagt wird.[24]

Weitere ausserbiblische Quellen, in denen Israel und seine Stammväter erwähnt wären, sind bis heute nicht gefunden worden, sieht man einmal davon ab, dass in ägyptischen Texten verschiedentlich Migranten erwähnt sind. An textlichen Quellen für die frühe Geschichte Israels stehen damit lediglich die biblischen Texte selbst zur Verfügung, doch sind diese bedeutend jünger als die Zeit, von der sie erzählen. So sehr in der Forschung bis heute umstritten ist, wie die Mosebücher genau entstanden sind,[25] besteht immerhin Einigkeit darüber, dass sie ihre Endgestalt erst in der persischen Zeit (nach 500 v. Chr.) erhalten haben. Will man also nach der Zeit

---

24 Vgl. K. Galling, *Textbuch zur Geschichte Israels*, S. 39f.
25 Da in den Mosebüchern gewisse Ereignisse mehrfach erzählt werden, ging man lange Zeit davon aus, dass drei voneinander unabhängige Quellen im Laufe der Zeit miteinander zu den Mosebüchern vereinigt worden seien. Nach dieser Theorie wäre die älteste dieser Quellen, der sogenannte Jahwist, zur Zeit Salomos um 950 v. Chr. geschrieben worden. Neuere Forschungsergebnisse liessen an dieser Theorie erhebliche Zweifel entstehen. Wenn überhaupt noch von Quellenschriften die Rede ist, werden sie später datiert, oder es werden Modelle diskutiert, die das schrittweise Zusammenwachsen verschiedener Erzählkreise annehmen.

der Väter fragen, muss man versuchen, die mündlichen Überlieferungen hinter den geschriebenen Texten zurückzuverfolgen. Dies ist – sachgemäss – schwierig.

1.2. Wann lebten die Väter?

Die Erzählungen über Abraham, Isaak und Jakob enthalten keine Angaben, die eine unmittelbare Datierung erlauben würden. Hinweise ergeben sich mehr über die Lebensverhältnisse, die geschildert werden. Die Väter bewegen sich mit ihren Familien in einem Gebiet, das von anderen Menschengruppen bewohnt wird. Zugleich werden sie als Kulturlandnomaden porträtiert, die zwar Grundbesitz erwerben (z. B. Gen 23) und da oder dort Äcker bewirtschaften,[26] aber sich doch im Land zwischen den Siedlungen der ansässigen Bevölkerung bewegen. Mit dieser sesshaften Bevölkerung stehen sie aber offensichtlich in einem gewissen Austausch. Eine typische Szene solcher Kontakte hat sich in Gen 21,22–33 (erzählt von Abraham) und 26,16–33 (erzählt von Isaak) bewahrt. Im Gebiet des Stadtfürsten von Gerar, Abimelech, ist es zu Auseinandersetzungen um Brunnen gekommen. In Verhandlungen werden diese geklärt und es wird eine Vereinbarung geschlossen. Die von den Vätern angeführten Gruppen bewegten sich also im Bereich oder am Rande des Kulturlandes.

Interessant ist, dass die Ortsnamen, die mit den Vätererzählungen verbunden werden, nicht für alle drei Gestalten dieselben sind. Abraham und Isaak bewegten sich offenbar im Süden Israels, am Rande des Kulturlands zum Negev hin. Sie werden mit Orten wie Hebron, Beer-Scheba, Gerar in Verbindung gebracht. Orte mehr in Mittelpalästina und dem Ostjordanland (Bet-El, Sichem, Penuël, Jabbok etc.) spielen hingegen bei Jakob eine Rolle. Da sich mit den Kleinviehherden keine allzu grossen Distanzen zurücklegen lassen, zwingt dies zum Schluss, dass Abraham, Isaak und Jakob historisch voneinander unabhängige Gestalten waren. Wahrscheinlich war jeder dieser drei Väter der Begründer oder zumindest wichtige

---

26 Wenn Jakob gemäss Gen 25,34 seinem Bruder Esau ein Linsengericht vorsetzt, dann muss er diese Linsen auch irgendwo angepflanzt haben. In Gen 26,12f wird sogar ausdrücklich von Ackerbau gesprochen, wenn auch an dieser Stelle spätere Interpretation vorliegen mag.

Führer einer Menschengruppe,[27] die sich zwischen den Siedlungen der sesshaften kanaanäischen Bevölkerung bewegte, ähnlich wie dies offenbar ein Teil der *Chapiru* taten. Als diese Gruppen später zu einer grösseren Einheit zusammenwuchsen, wurden auch ihre Vorfahren miteinander verknüpft, indem man sie in den Erzählungen ins Vater-Sohn-Verhältnis setzte. Selbst Nachbarvölker der späteren Zeit wurden in solche Verwandtschaftsbeziehungen eingegliedert, wie beispielsweise die Edomiter als Nachkommen Esaus, des Bruders von Jakob.

Damit ist über die Datierung der Väter noch nichts gesagt. Ausgehend von den Kenntnissen über die politischen Verhältnisse in Palästina kann man vermuten, dass die Menschengruppen, deren Geschichte und Identität mit den Gestalten Abraham, Isaak und Jakob zu verbinden sind, sich in der Zeit zwischen etwa 1500 und 1200 v. Chr. im Bereiche Palästinas bewegten, bevor sie zum späteren Israel zusammenwuchsen. Und es ist durchaus anzunehmen, dass sie wie die *Chapiru* irgendwann einmal die Gesellschaft der altorientalischen Städte verlassen hatten, wie es in Gen 12 von Abraham erzählt wird.

1.3. Die Glaubenswelt der Väter

Auch wenn die Texte des Buches Genesis erst in späterer Zeit verfasst wurden, lassen sie doch noch erkennen, dass die Glaubenswelt der Vorfahren Israels eine ganz eigene war. Noch wird nicht primär von Jahwe, wie Israel seinen Gott später benannte, sondern von verschiedenen «El»-Gottheiten gesprochen. So werden etwa ein El-Eljon (Gen 14,19.22), ein El-Bet-El (Gen 31,13; 35,7), ein El-Ro'i (Gen 16,13), ein El-'Olam (Gen 21,33) und ein El Israels (Gen 33,20) genannt. Zugleich werden diese Gottheiten als «Gott deines/meines Vaters» angesprochen. Aus den Textfunden von Ugarit ist ein kanaanäischer Gott El bekannt, der als höchster Himmelsgott galt. Man kann annehmen, dass es hier Bezüge gibt zu den El-Gottheiten der Väter. Allerdings erscheinen diese, anders als in den Städten, nicht als Glieder eines Götterpantheons, die in

---

27 Denkbar ist auch, dass diese Menschengruppen sich in einem legendenhaften Sinn von den Vätern herleiteten – ohne dass diese historisch konkret fassbar wären.

Tempeln verehrt und mit vielerlei Mythen besungen werden, sondern als Retter, Befreier und Begleiter auf der Ebene der Familie. Diese El-Gottheiten verheissen Nachkommenschaft (vgl. Gen 16,11; 18,9f) und sie begleiten die Väter und ihre Familien auf ihren Wegen: Mehrfach verheisst die Gottheit ihr «Mit-Sein» (vgl. Gen 26,3; 28,20; 31,5.42) und ihren Schutz vor Übergriffen anderer Gruppen (vgl. Gen 12,10ff; 26; 30f). Im Zusammenhang mit den Wanderungen der Väter ist auch der Umstand zu sehen, dass sie ihre Gottheit nicht an einem bestimmten festen Ort verehren, sondern an verschiedenen Orten, wo sie manchmal auch Altäre bauen (z. B. Gen 13,8; 33,20) und Kultsteine errichten (Mazzeben, Gen 28,18; 31,45; 33,20). Sehr unmittelbar kann Gott den Vätern erscheinen (z. B. Gen 18), und zugleich sind in ihren Familien *Terafim* vorhanden (Gen 31), offenbar eine Art Götterstatuetten, die wahrscheinlich die Götter der Familie darstellten und um deren Besitz sich ein heftiger Streit entspinnen konnte.[28]

Allerdings haben verschiedene Untersuchungen[29] gerade dieser Bibelstellen gezeigt, dass sie in späterer Zeit entstanden sind und von daher kaum unmittelbare Rückschlüsse auf die Glaubenswelt der Väterzeit erlauben. Man wird darum wohl nicht mehr von eigentlichen «Vätergottheiten» oder einer «Religion der Väter» sprechen dürfen, sondern in den oben geschilderten Charakteristika allgemein Elemente familiärer Religiosität erkennen, wie sie auch in späterer Zeit noch gelebt werden konnte.

Besonders rätselhaft ist in diesem Zusammenhang die Geschichte von der Opferung Isaaks Gen 22, die in einer eindeutig späten Fassung vorliegt. Es scheint, dass diese Erzählung ihre vorliegende Form nachträglich erhalten hat, als Israel in seiner Existenz höchst gefährdet war. Diese Gefährdung des Fortbestands wurde durch die Gestalten Abrahams und des vom Opfertod bedrohten Isaak symbolisiert.[30] Als Hintergrund dieser Erzählung aus der familiären Glaubenswelt könnte man dann vermuten, dass

---

28 Es gibt im AT weitere Erwähnungen von *Terafim* (z. B. Ri 17). Nach diesen Stellen zu schliessen, könnte es sich um die Darstellung vergöttlichter Ahnen der Familie handeln, die aus dem Jenseits an der Seite des Familiengottes über den Fortbestand der Familie wachten. Solche Ahnenverehrung ist beispielsweise aus den Ugarit-Texten für die kanaanäische Religion belegt.

29 So besonders M. Köckert, *Vätergott*, und E. Blum, *Vätergeschichte*.

30 Vgl. dazu C. Westermann, *Biblischer Kommentar I/2*, zur Stelle.

die Erfahrung der Errettung eines Kindes aus höchster Gefahr Teil
der Glaubenserfahrungen mit den Familiengottheiten war.[31]

Es ergibt sich so aus den Texten über die Väter das Bild eines
Glaubens, der zwar noch überhaupt nicht die Existenz oder die
Verehrung anderer Götter ausschliesst, sich aber auf den einen
Gott der Familie bezogen weiss. Dieser Gott wendet sich seinen
Menschen zu, begleitet und behütet sie auf ihren gefahrvollen und
oft unsicheren Lebenswegen und hat sie offenbar aus unmöglichen
Lebensverhältnissen befreit. Er kann überall verehrt werden, und
man kann ihm mitten im Alltag begegnen. Auch wenn es solche fa-
miliäre Frömmigkeit durchaus auch andernorts gab,[32] ist es doch
bemerkenswert, dass gerade diese familiäre Gotteserfahrung im
Alten Testament an den Anfang der biblischen Glaubensgeschichte
gestellt wird.

2. Das Sklavenhaus Ägypten und der Exodus

2.1 Zur Quellenlage

Die Bibel erzählt in Gen 37–50 vom Schicksal Josefs, der von seinen Brüdern nach Ägypten verkauft wurde und dort zum Wesir
aufstieg. Am Ende der Josefsgeschichte steht der «Familiennach-
zug», die Übersiedlung der Brüder Josefs mit ihren Familien nach
Ägypten. Ab Ex 1 wird erzählt, wie die zu einem grossen Volk he-
rangewachsenen Israeliten von einem neuen Pharao zu Frondiensten beim Bau von Pithom und der Ramsesstadt (Ex 1,11) herangezogen wurden. Nebst der schweren Arbeit habe der Pharao
sogar angeordnet, dass alle Knaben nach der Geburt getötet werden sollten, doch Mose wurde gerettet und kam als Findelkind zu

---

31 Es gibt auch Theorien, die hinter dieser biblischen Erzählung die Ablösung des
    Menschenopfers durch das Tieropfer vermuten. Der biblische Gott wäre dann
    derjenige, der im Gegensatz zu anderen Gottheiten auf die Opferung von Men-
    schen verzichtet (so Hermann Gunkel und andere). Allerdings ist bis heute un-
    klar, ob es im Alten Orient überhaupt Menschen- bzw. Kinderopfer gegeben
    hat, so dass diese Erklärung nicht als gesichert gelten kann.
32 R. Albertz, *Frömmigkeit*, hat darauf hingewiesen, dass es auch in Mesopota-
    mien neben dem vom König und dem gesamten Staatswesen getragenen offi-
    ziellen Götterkult eine persönliche Frömmigkeit der einzelnen Menschen gab,
    die in vielem Ähnlichkeiten mit der Religiosität der Väter zeigt.

einer ägyptischen Prinzessin, bei der ihm eine gute Ausbildung zuteil wurde. Als Mose erwachsen geworden war, sah er das Leiden seines Volkes und tötete im Zorn einen der Arbeitsaufseher (Ex 2,12), worauf er flüchtete und nach Midian kam, östlich des Golfs von Aqaba gelegen, wo er zum Schwiegersohn des Priesters Jitro wurde. Nach Jahren in Midian erschien ihm am Gottesberg der Gott Jahwe im Dornbusch (Ex 3) und gab ihm die Anweisung, nach Ägypten zurückzukehren und sein Volk aus dem ägyptischen Sklavenhaus zu befreien.

Mose nahm diesen Auftrag an, ging zum Pharao und verlangte den freien Abzug der Israeliten, was abgelehnt wurde. Durch Gottes Eingreifen, unter anderem mit den zehn Plagen, wurde den Israeliten schliesslich der Abzug gewährt, doch schon bald nahm das ägyptische Heer die Verfolgung auf. Am Schilfmeer gelang den Israeliten der Durchzug durchs Meer, während die Verfolger ins Wasser stürzten. Nach einer langen Wüstenwanderung und etlichen überstandenen Gefahren kam das Volk schliesslich an den Gottesberg, wo Jahwe mit ihm einen Bund schloss und dem Volk seine Gesetze gab (Ex 19ff). So weit die biblische Erzählung.

Leider gilt auch hier, dass hinter den wesentlich später verfassten Texten die ursprünglichen Überlieferungen nur mehr schwer zu erkennen sind. Auffällig ist auch, dass die Erzählung zum Teil sehr weit ausholt und immer wieder auch Wiederholungen enthält,[33] was auf eine komplizierte Entstehungsgeschichte der Mosebücher und insbesondere der Auszugserzählung schliessen lässt. Man kann die Josefserzählung wie die Auszugserzählung also nicht als Quellen im eigentlichen Sinne lesen, sondern wird in ihnen vor allem ausgedeutete Glaubenserfahrungen finden.

Aus ägyptischen Quellen sind keine Aufzeichnungen über einen Aufenthalt des Volkes Israel in Ägypten und einen Exodus (= Auszug) enthalten, und von einem Pharao, der mit seiner ganzen Streitmacht im Schilfmeer versunken wäre, ist in der ägyptischen Geschichte nicht die geringste Spur zu finden.

Bekannt ist hingegen, dass Ausländer in der ägyptischen Verwaltung durchaus Karriere machen konnten, und ebenso gibt es Texte über die vorübergehende Aufnahme von Nomaden, die aus

---

33 Es sei hier als Beispiel etwa auf die breit erzählte und zum Teil wiederholte Berufungsgeschichte Moses hingewiesen (Ex 3–4 und 6).

dem Raum des Negev oder der Sinaihalbinsel kamen und Zuflucht
wegen Dürre suchten. Um 1192 v. Chr. beispielsweise berichtete
ein Grenzbeamter seinem Vorgesetzten, dass *Schasu*-Stämme aus
Edom die Grenze in *Tkw* passiert hätten, um an den Teichen von
Pitom ihr Vieh zu tränken, um «sie und ihr Vieh durch den guten
Willen des Pharaos, der guten Sonne eines jeden Landes, am Leben
zu erhalten»[34]. Nicht bekannt ist, ob diese Nomadengruppen mit
Frondiensten eine Gegenleistung zu erbringen hatten.

Im Weiteren ist auch bekannt, dass *Chapiru*-Gruppen, die der
ägyptischen Armee in die Hände fielen, als Kriegsgefangene bei
Bauvorhaben in Ägypten eingesetzt wurden.[35]

Schliesslich ist auch historisch belegt, dass Ramses II. (Regierungszeit 1290–1224 v. Chr.) kurz nach seinem Regierungsantritt
mit dem Bau seiner neuen Hauptstadt, der Ramsesstadt, im östlichen Nildelta beginnen liess. Hier ergeben sich Bezüge zur Auszugserzählung.

2.2 Zu den Geschehnissen, wie sie sich ereignet haben könnten

Da, wie oben besprochen, keine ausserbiblischen Quellen vorliegen, muss sich eine Rekonstruktion der möglichen Geschehnisse an
den biblischen Erzählungen orientieren. Dabei ist danach zu fragen, was sich hinter diesen Erzählungen an plausiblen Überlieferungen verbergen mag und wie diese sich in die uns bekannte Welt
des ausgehenden zweiten Jahrtausends v. Chr. einfügen mögen. Daraus entsteht dann etwa das folgende Bild:

Aus der Auszugserzählung geht nicht genau hervor, wie die
Menschen nach Ägypten gekommen sind, die später unter Moses
Führung Ägypten verlassen haben. Es kann durchaus sein, dass es
sich um eine oder mehrere Gruppen von ehemaligen Nomaden handelte, die in Ägypten Zuflucht suchten, dort dann sesshaft wurden
und von den Ägyptern zu Frondienstleistungen herangezogen wurden, nachdem sie das Land nicht wieder verlassen hatten. Dass
Menschen, die sich in der Steppe frei bewegt hatten, Frondienste als

---

34 Vgl. K. Galling, *Textbuch zur Geschichte Israels*, S. 40f.
35 Vgl. den Leidener Papyrus, bei K. Galling, *Textbuch zur Geschichte Israels*,
    S. 35: «Gib Getreideproviant den Leuten des Heeres und den *Chapiru*, welche
    für den grossen Pylon von … ‹Ramses Miamun› Steine ziehen.»

Bedrückung empfanden und zugleich nicht recht verstanden, dass die anfängliche – wohl befristete – Gastfreundschaft plötzlich in die Forderung von Arbeitsleistungen umschlug, erscheint plausibel.

Da die späteren Israeliten in der Auszugserzählung auffallend häufig als Hebräer (*'ibri*) bezeichnet werden, wäre es allerdings auch gut möglich, dass es sich bei diesen um ehemalige *Chapiru* handelte, die als Gefangene in Ägypten schwere Arbeitsleistungen verrichten mussten.

Welches die genauen Vorgänge waren, lässt sich wohl kaum entscheiden, derzeit neigt die Forschung eher der zweiten Variante zu. Allerdings liessen sich die beiden Sichtweisen miteinander insofern verbinden, dass *Chapiru* aus verschiedenen Kleingruppen – die einen Kriegsgefangene, die anderen Flüchtlinge – sich unvermittelt gemeinsam als Fronknechte beim Bau der Ramsesstadt unter Pharao Ramses II. wiedergefunden hätten. Dafür könnte auch sprechen, dass nach Ex 2 kein sehr grosser Zusammenhalt unter den Menschen bestand.

Ein Josef spielte bei alledem wohl keine Rolle. Die biblische Josefserzählung ist vielmehr der nachträgliche Versuch, eine Verknüpfung zwischen den Erzählungen über die Väter und der Auszugserzählung zu schaffen.[36]

Auch wenn es in der Forschung derzeit höchst umstritten ist, was man über Mose genau wissen kann, steht doch immerhin fest, dass er einen ägyptischen Namen trägt.[37] Er ist demnach wohl in Ägypten geboren worden, auch wenn er wahrscheinlich nicht ägyptischer Herkunft war. Sein Name ist in der Überlieferung mit dem Auszugsgeschehen verknüpft, und es erscheint als sehr wahrscheinlich, dass er – als Aufrührer? – zeitweise im midianitischen Gebiet Zuflucht suchen musste, wo er den Gott Jahwe kennen lernte. Nach der Erzählung vom Dornbusch in Ex 3–4 hütete Mose die Schafe seines Schwiegervaters am Rande der Steppe in der Nähe des Gottesberges. Damit ist auch schon gesagt, dass der Gottesberg kaum im Süden der Sinaihalbinsel zu suchen ist, wo ihn die spätere (christliche) Legendenbildung lokalisierte, sondern eher östlich der Ara-

---

36 Zur Josefserzählung vgl. z. B. W. Dietrich, *Die Josephserzählung.*
37 Hergeleitet von der Wurzel *msj*, «gebären», vgl. etwa Pharaonennamen wie Thutmose.

ba.[38] Hier begegnete Mose dem Gott Jahwe, der sich als der «ich bin der ich bin» (Ex 3,14) vorstellte,[39] was wohl im Sinne der Zusage «ich werde da sein, ich werde mit dir sein» (so in Ex 4,12) zu verstehen ist. Dieser Gott gibt ihm den Auftrag, seine in Ägypten im Sklavenhaus schuftenden Leidensgenossen zu befreien und zum Gottesberg zu führen. Mose ging also nach Ägypten zurück und suchte, seine Landsleute zum Aufbruch zu bewegen (vgl. Ex 5 und 6).

Unter der Leitung Moses brach schliesslich eine grössere Gruppe von Fronarbeitern auf, die dann als «Zechpreller» oder «Ausbrecher» von einer ägyptischen Truppeneinheit verfolgt wurde. Wohl durch ein Umschlagen des Windes begünstigt, gelang es den Flüchtenden, ein Wasserhindernis zwischen sich und die Verfolger zu bringen.[40] Nach etlichen Schwierigkeiten (vgl. Ex 16–18) gelangt diese Gruppe durch das Wüstengebiet der nördlichen Sinaihalbinsel an den Gottesberg, wo die Gruppe der Ägyptenflüchtlinge Jahwe, wohl in einer Gotteserscheinung (vgl. Ex 19) als ihren Befreier und Gott kennen lernt. Ob dies alles noch zur Regierungszeit Ramses II. geschah oder erst unter seinem Sohn Merenptah (1224–1204 v. Chr.) muss offen bleiben, ein wesentlich späteres Datum erscheint wenig wahrscheinlich.

Es ist nicht zu bestreiten, dass eine solche Rekonstruktion, die die biblischen Überlieferungen mit dem zu verbinden versucht, was historisch plausibel erscheint, nicht die ganze Breite der biblischen Texte des Exodusbuchs wiedergibt. Dazu ist festzuhalten, dass aufgrund der literargeschichtlichen Forschung viele im heutigen Text des Exodusbuchs mit den Auszugsereignissen verbundene Stoffe

---

38 Es hat viele Versuche gegeben, den Ort des Gottesberg genau zu bestimmen. Eindeutigkeit gibt es bis heute nicht, doch weisen die Namen, die auch an anderen Stellen im AT Jahwe gegeben werden (Jahwe von Teman, Jahwe von Seir) alle in die edomitischen oder midianitischen Siedlungsgebiete östlich der Araba und des Golfes von Aqaba.

39 Der Gottesname Jahwe ist höchstwahrscheinlich von der semitischen Wurzel für «sein, werden» herzuleiten. Dies ergibt im hebräischen Text das tiefsinnige, wenn auch wohl erst schriftgelehrte Wortspiel von אהיה אשר אהיה («Ich werde sein der ich sein werde») entsprechend zum Gottesnamen יהוה.

40 Die biblischen Texte lokalisieren dieses Ereignis verschieden. Ex 13,17f und 14,10 weisen auf die Bitterseen oder das Nordende des Golfes von Suez hin, 14,2 aber spricht von Baal Zafon am Mittelmeer, wo der sirbonische See, eine Lagune des Mittelmeeres, liegt. Hier wären die Vorgänge von Ex 14 im Sinne eines Steckenbleibens der ägyptischen Streitwagen im Sumpf gut vorstellbar.

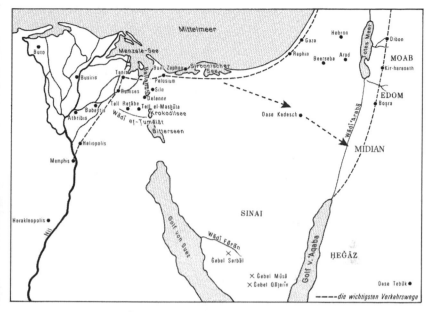

Abb. 8:   Israel und Ägypten zur Zeit des Exodus. Traditionellerweise wird der Gottesberg in der südlichen Sinaihalbinsel lokalisiert, die Bezüge zu Midian sprechen aber dafür, ihn nordöstlich des Golfes von Aqaba zu suchen. Die Exodusgruppe hätte dann einen Weg von der Ramsesstadt im östlichen Nildelta durch die nördliche Sinaihalbinsel (die Oase Kadesch kommt in den Texten vor) in die Region südlich der edomitischen Siedlungsgebiete zurückgelegt.

wie etwa die Erzählung von den zehn Plagen oder das berühmte Mirjam-Lied (Ex 15) spätere Ausgestaltungen der Auszugsüberlieferung darstellen, entstanden aus dem Bedürfnis, die Bedeutung und Grossartigkeit des Geschehens hervorzuheben.

2.3. Die den Glauben prägende Erfahrung der Befreiung

Die Menschengruppe, die unter der Führung Moses Ägypten verliess, hat Jahwe als den Gott kennen gelernt, der sie wider jede menschliche Logik aus dem ägyptischen Sklavenhaus befreite. Wie denn sonst hätte eine Gruppe flüchtiger Fronknechte mit ihren Frauen und Kindern zu Fuss oder mit ein paar Eseln und Maultieren den Streitwagen der Ägypter entkommen sollen? Wie denn sonst hätten diese Menschen, die sich in der Wüste nicht auskannten, in dieser feindlichen Umgebung überleben und ihren Weg finden können?

Es ist diese erstaunliche Befreiungserfahrung, die die aus Ägypten ausgezogenen Menschen später einbrachten, als das Volk Israel entstand, und die für den Glauben Israels grundlegend wurde. Auf diese Erfahrung wurde auch später in der Geschichte und der Theologie Israels immer wieder Bezug genommen, in dieser Glaubenserfahrung sieht das Alte Testament auch die weiteren Entwicklungen des biblischen Glaubens begründet. Es ist darum nicht erstaunlich, dass etwa die Zehn Gebote, die ihre sprachliche und textliche Gestalt erst viele Jahrhunderte später gefunden hatten, von den biblischen Erzählern mit den Ereignissen am Gottesberg verknüpft werden.

Und es ist auch diese Glaubenserfahrung der Befreiung, die den wohl schon lange von Midianitern und anderen Nomaden im Bereich des Golfes von Aqaba verehrten Gott Jahwe zum Gott Israels und später des Christentums machte.[41] Im Geschehen des Exodus hat sich Jahwe so mit seinem Volk in einer ganz besonderen und einmaligen Weise als der Gott der Befreiung verbunden.

---

41 Erwähnung verdienen in diesem Zusammenhang ägyptische Ortslisten des *Amenophis III.* (um 1400 v. Chr.) und des Ramses II., in denen ein «Land der *yhw*-Nomaden» erscheint. Es wird in der Nachbarschaft von Seir, also Edom angesiedelt. Vorausgesetzt, die Übersetzung der Inschriften trifft zu, würde dies also schon um 1400 v. Chr. auf Nomaden östlich der Araba hinweisen, die den Gott Jahwe verehrten. Vgl. zum Ganzen H. Donner, *Geschichte Israels 1,* S.101.

Ein Volk entsteht

Von Josua bis König David

Im Josuabuch Kapitel 1–12 ist davon zu lesen, wie Israel nach einer langen Wüstenwanderung als ganzes Volk in seine späteren Siedlungsgebiete einrückt und sie mit einem geplanten Feldzug erobert, dabei insbesondere die kanaanäischen Städte einnimmt bzw. zerstört und ihre Bewohner tötet oder vertreibt. Berühmt ist in diesem Zusammenhang etwa die Erzählung über die Zerstörung von Jericho mit der Kraft der Widderhörner (Jos 6). Nach der Schilderung von Jos 13–22 wird das so eroberte Land dann unter den zwölf Stämmen verlost, wobei den Leviten besondere Anteile zufallen.

Im auf das Josuabuch folgenden Richterbuch wird davon erzählt, wie die in ihren Siedlungsgebieten lebenden Stämme immer wieder von Fremden bedroht werden, sich unter der Führung von «Richtern» aber mit Jahwes Hilfe (oder eigentlich nur durch Jahwes Hilfe) gegen diese Feinde zur Wehr setzen können. Weiter wird im Richterbuch auch berichtet, wie ein erster Versuch, ein Königtum zu errichten, fehlschlug (Ri 9, Abimelech). Zum Richterbuch gehören auch die Erzählungen von Simson (Ri 13–16), in denen die Macht der philistäischen Stadtstaaten als Bedrohung für die Israeliten erscheint, und die Erzählung von der Missetat der Benjaminiten in Gibea, die eine innerisraelitische Strafaktion zur Folge hat (Ri 19–21). Im 1. Samuelbuch tritt dann der Richter und Prophet Samuel auf, der Israel in den Auseinandersetzungen mit den Philistern leitet (1Sam 1–7), und schliesslich gegen seinen Willen dem Wunsch des Volks nach einem König entspricht (1Sam 8). Der Benjaminit Saul wird dann zum ersten König Israels (vgl. 1Sam 9–12) und führt sein Volk im Kampf gegen verschiedene Feinde (1Sam 13ff, darunter die Goliatepisode 1Sam 17), einen Kampf, den er wegen seiner religiösen Verfehlungen schliesslich aber verliert (1Sam 15 und 28–30). An seiner Stelle wird nach 1Sam 16 bereits der Hirtenjunge David aus dem judäischen Betlehem zum König gesalbt, der zunächst als Gefolgsmann Sauls zum Helden, schliesslich zum gejagten Konkurrenten wird und dann endlich

zum König Israels aufsteigt (vgl. 1Sam 16–27; 2Sam 1–5). David
erobert nun zusätzliche Gebiete, insbesondere auch seine spätere
Hauptstadt Jerusalem (2Sam 5,6ff), und unterwirft neben den Ammonitern (2Sam 8.10) auch Teile Syriens. Allerdings ist seine Herrschaft nicht unumstritten, nicht nur wegen persönlichen Fehlver-
haltens (Ehebruch mit Batseba 2Sam 11f) und Kapitalverbrechen
in der Königsfamilie (2Sam 13 Vergewaltigung Tamars und Rache-
mord an Amnon), sondern auch, weil er das Volk nicht anhörte,
wie ihm von seinem Sohn Abschalom vorgeworfen wird. Es
kommt zum Aufstand Abschaloms (2Sam 15–19), nach dessen
Niederschlagung zu einem weiteren Aufstand unter der Führung
Schebas (2Sam 20). Schliesslich kommt es auch noch zu Auseinandersetzungen um die Thronfolge, die in der gewaltsamen Macht-
ergreifung Salomos – offenbar mit Billigung seines Vaters – und der
Ermordung des älteren Bruders Adonia gipfeln (1Kön 1–2).

So wird in der Bibel breit erzählt, wie das aus Ägypten gerettete
Volk ins verheissene Land einzog und durch vielerlei Wirrnisse hindurch zu einem in Syrien und Palästina zumindest zeitweilig bedeu-
tenden Königreich wurde. Die biblischen Erzählungen zeigen allerdings in sich viele Spannungen und auch Widersprüche. Wenn
etwa nach dem Josuabuch das ganze Land erobert wurde, in Ri
1,19.21.27–35 aber aufgezählt wird, welche Gebiete von den Israeliten *nicht* erobert werden konnten, dann wird offensichtlich,
dass die Erzählung des Josuabuchs nicht historische Vorgänge wiedergibt, sondern ein späteres theologisches Programm entfaltet.

Ebenso wirken einige Abschnitte des Richterbuchs (wie z. B. Ri
2,6ff) mehr programmatisch als historisch, und in den Samuelbüchern wird die Inthronisation Sauls als König über Israel im
Ganzen dreimal je verschieden erzählt (1Sam 9–10,16/1Sam
10,17–26/1Sam 11) und mit theologischen Mahnreden angerei-
chert (z. B. 1Sam 8 und 12). Offensichtlich haben also die biblischen Texte eine lange und komplizierte Entstehungsgeschichte
hinter sich und spiegeln in vielen Abschnitten das Nachdenken späterer Epochen über die Entstehung des Volks Israel. Fragt man
nach den geschichtlichen Ereignissen, ist dies zu berücksichtigen.

1. Die «Landnahme» und die Zeit der Richter

1.1. Zur geschichtlichen Situation und zur Quellenlage

Primärquellen aus der Zeit um 1200 v. Chr. für die Einwanderung des Volks Israel aus der Wüste gibt es nicht, sieht man von der bemerkenswerten, aber auch rätselhaften Erwähnung einer Volksgruppe *Israel* in der Siegesstele des Pharao Merenptah aus dem Jahre 1219 v. Chr. ab.[42] Diese belegt allerhöchstens, dass es irgendwo im späteren Siedlungsbereich der Israeliten eine Gruppe Menschen gab, die den Namen Israel trug, sagt aber nichts über ihre Herkunft und allfällige Einwanderung aus. Im Übrigen muss man sich auf die Erzählungen der Bibel stützen und herauszuschälen versuchen, welche Überlieferungselemente historisch zutreffen dürften.

Bereichert wird das Bild allerdings durch die Kenntnisse über die geschichtlichen Vorgänge im Alten Orient und durch zahlreiche archäologische Funde, die insofern einen bemerkenswerten Umbruch in der Kultur Palästinas um 1200 v. Chr. zeigen, als die vorher nicht besiedelten Gebiete im Bergland in der frühen Eisenzeit besiedelt und bewirtschaftet werden.

Doch wenden wir uns zunächst der politischen Grosswetterlage zu: Nachdem Ägypten unter Ramses II. (1290–1224 v. Chr.) einen Höhepunkt seiner Macht erreicht hatte, hatten dessen Nachfolger gegen 1200 v. Chr. Kämpfe mit den sogenannten Seevölkern zu bestehen, die über das Meer ins Nildelta und in die Küstenregion Palästinas drängten. Es gelang den Pharaonen, das ägyptische Stammland zu halten und auch das Nildelta zurückzuerobern, aber gegen 1100 v. Chr. verloren sie die Vorherrschaft über die Gebiete in Syrien und Palästina südlich des Flusses Orontes.

Offenbar als Siedlungen sesshaft gewordener Nachfahren der Seevölker entstanden an der Mittelmeerküste die Philisterstädte wie Aschdod, Aschkalon, Gaza, Ekron und Gat. Nach der Siegesinschrift Ramses III. in Medinet-Habu zu schliessen, erfolgte die Ansiedlung der Philister um ca. 1180 v. Chr. mit ägyptischer Bil-

---

42 Publikation bei K. Galling, *Textbuch zur Geschichte Israels*, S. 39f, vgl. dazu auch oben S. 44.

ligung.[43] Später, im 11. Jh. v. Chr. sollten die Philister dann zur ernsthaften Bedrohung der israelitischen Stämme werden.

Der Ansturm der Seevölker auf die östliche Mittelmeerküste dürfte auch einer der Gründe für den bemerkenswerten kulturellen Umbruch in der ganzen Region sein, der sich in den archäologischen Funden spiegelt. Viele der spätbronzezeitlichen Städte werden um 1200 v. Chr. zerstört und zum Teil auch als Siedlungsplätze für eine gewisse Zeit aufgegeben, während sich in den zuvor unbesiedelten, meist gebirgigen Regionen Palästinas viele neue dörfliche Siedlungen bilden, die bereits von der eisenzeitlichen Kultur geprägt sind.[44]

Über die Gründe dieses Niedergangs der Städte herrscht in der Forschung derzeit eine gewisse Uneinigkeit, doch wird man davon ausgehen dürfen, dass mehrere Faktoren dazu beigetragen haben: Einerseits stiess das System der autarken, nur ein kleines Umland bewirtschaftenden Städte bei einem Anwachsen der Bevölkerung rasch an seine Grenzen, was dazu führte, dass immer wieder Menschen die Städte verlassen mussten und als *Chapiru* ausserhalb der Städte lebten, andererseits waren die engen Städte anfällig für Seuchen. Zudem lasteten die den Städten von den ägyptischen Herrschern auferlegten Tributzahlungen gewiss schwer auf der Stadtbevölkerung. Als gegen 1200 v. Chr. der Handel mit Griechenland und der Ägäis durch die Wirren im griechischen Kulturraum erschwert wurde, verloren die Städte Palästinas einen grossen Teil ihrer Existenzgrundlage und hatten dem Druck der Seevölker kaum mehr Widerstand entgegenzusetzen. Vor dem Hintergrund dieses Umbruchs hat man sich die Entstehung Israels vorzustellen.

1.2. Die «Landnahme» als Verschmelzungsprozess verschiedener Gruppen

Das Josuabuch stellt die Landnahme Israels wie erwähnt als Einwanderungs- und Eroberungsgeschehen dar. Allerdings wurde in den vorangehenden Kapiteln bereits festgestellt, dass die Erzväter

---

43   Zu den Philistern vgl. ausführlich V. Fritz, *Entstehung Israels,* S. 156ff; E. Noort, *Seevölker.*

44   Der Übergang von der Bronzezeit zur Eisenzeit fällt für Palästina in diese Epoche. Die Unterschiede zwischen der bronzezeitlichen und der eisenzeitlichen Kultur manifestieren sich dabei nicht nur im verarbeiteten Metall, sondern auch in den Formen der Keramik und der Bauten.

Repräsentanten mehrerer Gruppen waren und der Auszug aus Ägypten die Befreiung einer weiteren Gruppe unter der Führung Moses war. Für diese letzte Gruppe ist anzunehmen, dass sie einige Zeit nach ihrem Auszug aus Ägypten in das Westjordanland einwanderte. Ohne das Geschehen exakt festlegen zu können, erscheint es doch wahrscheinlich, dass diese Einwanderung nicht allzu lange nach dem Auszug erfolgte, also wohl noch vor 1200 v. Chr.

Die anderen Gruppen haben ihr Land nicht verlassen, doch es ist davon auszugehen, dass sich mit dem Ende der kanaanäischen Stadtstaaten auch ihre Lebensformen veränderten: Darf man sich die Erzväter noch als Kleinviehnomaden am Rande des Kulturlands und in einem gewissen Austausch mit den Städten vorstellen, so zeichnet das Richterbuch bereits das Bild sesshafter Bauern, für die die Kleinviehzucht nur mehr einen der Erwerbszweige darstellt. Offensichtlich, und die vielfältigen Funde eisenzeitlicher Dörfer und Gehöfte bestätigen dies, haben sich viele Menschen in zuvor unbesiedelten Gebieten sesshaft niedergelassen. Bei einem Teil dieser Menschen dürfte es sich auch um ehemalige Städter handeln, die nun eine neue Existenz gründeten.

Letztlich hat die Verschmelzung dieser verschiedenen Gruppen das Volk der Hebräer bzw. das Volk Israel hervorgebracht. Typisch für einen solchen Prozess ist auch, dass die Erzählungen des Richterbuchs Israel als in Stämme gegliedert darstellen, also als eine Gesellschaft schildern, die sich aus einzelnen (Gross-)Familien, Sippen und Stämmen zusammensetzt. Man spricht in diesem Zusammenhang von einer «segmentären» Gesellschaft, die vor allem durch Verwandtschaftsbeziehungen strukturiert wird.[45] Zugleich stellten die Grossfamilien und Sippen, ja selbst die Stämme Wirtschaftsgemeinschaften im bäuerlichen Rahmen dar. Diese «tribale» Gesellschaft, in der die Ältesten der Familien die anstehenden rechtlichen und politischen Fragen unter sich regelten und das Dorf nach aussen repräsentierten,[46] ist sozial noch kaum ausdifferenziert, letztlich verdienten sich alle ihren Lebensunterhalt in der Landwirtschaft.

---

45 Die moderne Ethnologie hat Analogien für solche Gesellschaften gerade auch in kleinbäuerlichen oder halbnomadischen Verhältnissen Afrikas beschrieben.

46 Dies konnte allerdings nicht verhindern, dass Menschen aus ihren Familien ausgestossen wurden und sich, wie der spätere Richter Jiftach, als «Outlaws» und Freischärler durchs Leben schlugen (vgl. Ri 11,1ff).

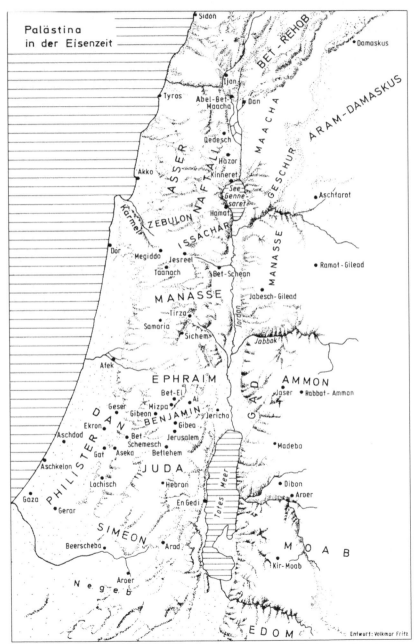

Abb. 9: Palästina in der Eisenzeit mit den Siedlungsgebieten der Stämme Israels

Dieser Prozess der Verschmelzung der verschiedenen Menschengruppen in Israel zu einer zwar losen, aber doch einen gewissen Zusammenhalt bietenden Stammesgesellschaft benötigte gewiss eine längere Zeitspanne. Für die noch existierenden Städte und einige Nachbarn Israels stellte er eine Herausforderung, wenn nicht sogar Bedrohung dar. Die Erzählung Ri 4 vom Sieg Deboras und Baraks über den Stadtkönig Jabin von Hazor zeigt, dass die noch existierenden Stadtkönige versuchten, die entstehende neue Bevölkerung zu kontrollieren. Mit ihren Streitwagen waren sie den Bauern und Hirten in aller Regel überlegen. In Ri 1,19 etwa wird festgestellt, dass der Herr mit Juda war, «und sie eroberten das Gebirge. Die Bewohner der Ebene aber waren nicht zu vertreiben, denn sie hatten Wagen aus Eisen». Mindestens für eine gewisse Periode bestand eine Koexistenz zwischen den alten Kanaanäerstädten und der neuen Landbevölkerung im Gebirge.

Wenn die schlecht bewaffneten Bauern einen Stadtkönig schlagen konnten, wurde dies als besonderes Wunder erlebt und religiös gedeutet (vgl. Ri 4,14f).

Eine weitere Bedrohung für das sich bildende Volk stellten offenbar auch Raubzüge weiter entfernter Nachbarn dar: In Ri 6 wird von einem Raubzug midianitischer Kamelnomaden berichtet, und in Ri 3 und 11 von Versuchen der ebenfalls erst entstandenen Königreiche Moab und Ammon, die im Ostjordanland und in Zentralpalästina sesshaften Stämme unter ihre Kontrolle zu bringen. Auch solchen Bedrohungen waren die Israeliten ausgesetzt, und auch hier deuteten sie die entsprechenden Kriege in einem religiösen Sinn.

Anzunehmen ist auch, dass diese Bedrohungen von aussen die Zusammengehörigkeit der einzelnen Sippen und Stämme verstärkt haben: Die ihnen gemeinsame Situation verband die verschiedenen Gruppen und Stämme zu einer, wenn auch zunächst noch losen, Schicksalsgemeinschaft. Im Laufe der späteren Überlieferung wurde diese Zusammengehörigkeit im System der zwölf Stämme Israels ausformuliert, wobei diese zwölf Stämme mit den zwölf Söhnen Jakobs identifiziert wurden.[47]

---

47 Im AT wird das System der Stämme zweimal entfaltet. In der älteren Fassung Gen 29,31–30,12; 35,16–20 werden nach einem genealogischen Schema Ruben, Simeon, Levi, Juda, Dan, Naftali, Gad, Ascher, Issachar, Sebulon, Josef und Benjamin genannt. Die Zahl zwölf scheint dabei der späteren Systematisierung (12 als Ausdruck eines Ganzen) zu entstammen und kann auch nur über

1.3. Die Richter und Retter als Stammesführer

Das Richterbuch erzählt von sogenannten Richtern (hebr. שׁפטים
Schofetim), die manchmal auch als Retter bezeichnet werden. In
Ri 2,6–3,6, einem Abschnitt, der eindeutig aus späterer Zeit
stammt, wird das Wirken dieser Richter programmatisch so dargestellt, dass sie als von Jahwe begnadete Retter das von Feinden
bedrängte Volk Israel befreien und für eine gewisse Zeit für Ruhe
und richtigen Gottesdienst im Land sorgten. Nach dem Tod eines
solchen Retters hätten aber bald wieder die alten Zustände der
Fremdgötterverehrung Einkehr gehalten, worauf Jahwe das abtrünnige Volk wiederum damit bestrafte, dass er es in die Hand
von Feinden gab. Diesem Schema entsprechend werden die einzelnen Richtergestalten im folgenden Text des Richterbuchs in eine
kontinuierliche Reihenfolge gestellt.

Betrachtet man allerdings die Angaben zu den einzelnen Rich-
tern näher, zeigt sich bald, dass die einzelnen Persönlichkeiten nie
Anführer von ganz Israel waren, sondern stets nur eines Teils der
Stämme: In der Auseinandersetzung Deboras und Baraks mit dem
König Jabin werden die Stämme Naftali und Sebulon erwähnt
(Ri 4,6), beim Kampf Gideons mit den midianitischen Räuberban-
den zuerst Gideons eigene Familie, die Abiesriten, dann auch die
Stämme Manasse, Ascher, Sebulon und Naftali. Demnach sind die
einzelnen Richter als Anführer eines einzelnen Stammes oder eines
Stammesverbandes zu verstehen, die in schwierigen Situationen die

---

die Zählung der Leviten als eines Stammes erreicht werden, obwohl die Leviten
offensichtlich nie ein eigenes Siedlungsgebiet besassen, sondern als Kultpersonal
an verschiedensten Heiligtümern dienten. Die genaue Rolle und Geschichte der Leviten ist darüber hinaus in der Forschung nach wie vor unklar.
In einer zweiten, jüngeren und geografisch geordneten Liste Num 26,5–51
fehlt Levi, die Zahl zwölf wird über die Nennung der beiden Söhne Josefs
(Efraim und Manasse) erreicht. Möglicherweise bringt diese dem Schrifttum
der Jerusalemer Priesterschaft zugehörige Liste die Abwertung der Leviten zum
Ausdruck, nachdem der Tempel in Jerusalem 622 v. Chr. zum alleinigen Heiligtum
Israels geworden war. Allein diese Unterschiede zeigen, dass das System
der zwölf Stämme ein späteres, geschichtstheologisches Schema darstellt. Da
der Stamm Juda erwähnt ist, in den Einzelerzählungen des Richterbuchs
nicht vorkommt, kann das System der zwölf Stämme frühestens in der Königszeit nach David formuliert worden sein. Unabhängig von seinem Alter drückt
es aber das Selbstverständnis Israels als *eines* Volks aus, das auf den *einen* Vater
Jakob zurückgeht.

politisch-militärische Führung übernahmen. Mehrfach wird auch davon erzählt, dass der Geist Jahwes diese Personen ergriffen und zu Rettern in der Bedrohung gemacht habe.

Man kann die «grossen» Richter wie Debora, Gideon oder Jiftach also als charismatische Gestalten verstehen, die in bestimmten Situationen nicht nur Anführer ihres eigenen Stammes- bzw. Familienverbandes waren, sondern eine Gruppe von Stämmen in militärischen Konflikten führten. Dass diesen Figuren nach einem Erfolg auf dem Schlachtfeld, meist aus einer hoffnungslosen Unterlegenheit heraus, weiterhin grosse Autorität in Politik und Rechtssprechung zufiel, erscheint einleuchtend.

Daneben werden im Richterbuch weitere Persönlichkeiten erwähnt, die in der Forschung oft als «kleine Richter» bezeichnet werden.[48] Meist heisst es über sie, dass sie da oder dort Recht gesprochen hätten. Man wird sich diese Persönlichkeiten als Stammesführer vorstellen dürfen, die ausserhalb der akuten Krisensituationen eine Führungsverantwortung trugen und in schwierigen Fällen Recht sprachen, etwa wenn sich die Dorfältesten oder Sippenhäupter nicht einigen konnten.

1.4. Glaubenserfahrungen der Richterzeit: Jahwe, der Befreier als Kriegsmann

Ähnlich wie die Landnahme und die Bildung Israels als Stammesgemeinschaft als ein Verschmelzungsprozess verschiedener Gruppen zu einem Volk zu verstehen ist, ist auch auf der religiösen Ebene mit einer Verschmelzung bzw. Verbindung verschiedener Glaubens- und Gotteserfahrungen zu rechnen. Da sind einerseits die auf die Erzväter Abraham, Isaak und Jakob zurückgehenden Gruppen, die ihre Glaubensformen einbrachten und andererseits die unter Mose aus Ägypten entkommene Gruppe, die den Glauben an Jahwe als den Gott der Befreiung mitbrachte. Es scheint, dass Nachfahren dieser Mosegruppe insbesondere unter den späteren Stämmen Efraim, Manasse und Benjamin zu suchen sind.

Die Einwanderung dieser Exodus-Gruppe bewirkte die Identifikation Jahwes mit den Gottheiten der «Vätergruppen», wie sie

---

48 Es sind: Otniel, Ehud, Schamgar Ri 3,7ff; Tola und Jair Ri 10,1–5; Ibzan, Elon und Abdon Ri 12,8–15.

etwa in Ex 3,15 formuliert wird. Dabei spielten sicher auch die
Befreiungserfahrungen der im Raum Palästina bereits ansässigen
Gruppen eine Rolle: Sie hatten sich aus den Herrschaftsbereichen
der kanaanäischen Stadtkönige befreien oder wenigstens deren
Herrschaftsansprüchen widerstehen müssen. Obwohl also die
Mehrheit der Stämme nicht am Exodus beteiligt gewesen war,
brachte die Exodusgruppe eine Gotteserfahrung mit, die in den Erzählungen von den Vätergottheiten so nicht vorhanden und zugleich
geeignet war, die geschichtlichen Erfahrungen der Landnahme-
epoche religiös zu deuten: Konnte der Gott Jahwe, der im Exodus-
geschehen die flüchtenden Menschen vor den Streitwagen des
Pharaos gerettet hatte, nicht auch derjenige sein, der die Landbevölkerung in Palästina vor den Streitwagen der Stadtkönige be-
wahrte?

In den Erzählungen über die militärischen Auseinandersetzungen der Richterzeit wird Jahwe aber auch als ein Kriegsgott dargestellt, der bei Kämpfen zugunsten seines Volkes eingreift. Dies
kann verschieden geschehen: Einerseits indem Jahwe sein Volk
zum Krieg gegen die übermächtigen Bedränger ermuntert (z. B.
Ri 4,6), andererseits indem Jahwe direkt in den Kampf eingreift
und die Gegner verwirrt (Ri 4,15), erschreckt oder vernichtet
(Ri 7,22). In den Erzählungen des Josuabuchs wird diese Vorstellung vom Krieg Jahwes insofern noch gesteigert, als etwa im
Bericht über die Eroberung Jerichos (Jos 6) die Israeliten nur mit
Prozession, Kriegsgeschrei und Blasen des Widderhorns aktiv sind,
die Stadt aber allein durch Jahwes Handeln fällt.

Aufgrund der archäologischen Befunde[49] und des Charakters
dieser Erzählung als einer offensichtlich theologisch überhöhten
Lehrerzählung späterer Zeit, muss man historisch urteilen, dass
sich das geschilderte Geschehen so nicht zugetragen hat. Dennoch
ist die Erzählung wichtig und interessant, denn sie bringt die der
menschlichen und militärischen Logik widersprechende Erfahrung
des entstehenden Israel zum Ausdruck, dass es sich gegen über-
mächtige Gegner behaupten und eine eigene Heimat erringen
konnte und dies allein seinem Gott Jahwe zu verdanken hat.

---

49 In Jericho zeigt sich eine bemerkenswerte Kontinuität der Besiedlung, obwohl
    die Stadt mehrmals zerstört oder Opfer von Bränden wurde. Allerdings ist ge-
    rade in der fraglichen Periode der späten Bronzezeit eine solche Zerstörung
    nicht nachweisbar.

So befremdlich viele dieser Erzählungen für uns heutige Menschen wirken mögen, so verständlich werden sie, wenn man sie aus der Perspektive der kaum bewaffneten[50] und in vielen Fällen hoffnungslos unterlegenen Landbevölkerung der frühen Eisenzeit liest. Und ebenso verständlich und von neuem aktuell waren diese Erzählungen über die vorkönigliche Zeit offenbar auch für das geschlagene und unterworfene Volk Israel in der Zeit des babylonischen Exils und danach. Gerade dies dürfte der Grund dafür sein, dass ebenjene Erzählungen über die Frühzeit Israels in diesen späteren Jahrhunderten ihre vorliegende schriftliche Gestalt erhielten.

2. Die Entstehung des Königtums in Israel

Wenn davon auszugehen ist, dass der oben skizzierte Verschmelzungsprozess und damit die Entstehung des Volks Israel um etwa 1200 v. Chr. einsetzte, so zeigt sich gegen das Jahr 1000 v. Chr. das Ergebnis dieser Entwicklung: Die Israeliten haben sich zum einen in den gebirgigen Regionen Palästinas etabliert und in einigen Fällen zu stammesübergreifenden Aktionen zusammengefunden. Andererseits sind parallel dazu in der Nachbarschaft neue Mächte entstanden, die ihrerseits die Handelswege durch das Gebirge ebenso wie die Ressourcen der Landwirtschaft in diesem Gebirge (z. B. Olivenöl!) unter Kontrolle zu bringen versuchten. Die Erzählungen des 1. Samuelbuchs bringen deutlich zum Ausdruck, dass der grösste Druck auf die Israeliten von den Philisterstädten im Südwesten ausging, die offensichtlich auch im Bergland Militärposten errichtet hatten (1Sam 13,3; 14,1ff) und mit denen es immer wieder zu Auseinandersetzungen gekommen war (vgl. 1Sam 4–7). 1Sam 11 berichtet zudem auch von einer Auseinandersetzung mit den Ammonitern im Ostjordanland.

Dieser vergrösserte Druck auf die israelitischen Stämme führte nach 1Sam 8 zum Wunsch des Volks, selber ein Königtum zu errichten, das den Königsherrschaften anderer Völker entsprach.

---

50 1Sam 13,19 hält fest, dass es in Israel keine Schmiede gab, weil die Philister die Bewaffnung der Israeliten zu verhindern suchten. Auch wenn diese Notiz zunächst eher für die Zeit Ende des 11. Jh. v. Chr. gilt und nicht für den Beginn der Besiedlung der Berggebiete um 1200 v. Chr., illustriert sie doch die krasse Unterlegenheit der Landbevölkerung gegenüber den Städten.

Nach den Erzählungen 1Sam 9–13 wurde dann Saul aus dem Stamme Benjamin zum ersten König Israels, nachdem frühere Versuche einer Herrschaftsbildung (Ri 9) am Widerstand der dezentral und weitgehend egalitär strukturierten Stämme gescheitert waren.

Nun sind die in den Samuelbüchern enthaltenen Überlieferungen über die Entstehung des Königtums mehrfach überarbeitet worden und spiegeln in ihrer Endgestalt das kritische Urteil der späteren Theologen über die Institution des Königtums.[51] Es ist von daher recht schwierig, die genauen Umstände der Königswerdung Sauls und Davids herauszuarbeiten. Dennoch sind Überlieferungsstücke zu erkennen, die die geschichtliche Situation wiedergeben dürften. Darauf kann im Folgenden Bezug genommen werden.

2.1. Das Königtum Sauls

Nach 1Sam 9,2 gab es im Stamme Benjamin den stattlichen jungen Mann Saul, Sohn des Kisch. Dieser wird auf der Suche nach entlaufenen Eselinnen im Rahmen einer Opferfeier in einer nicht näher benannten Stadt von einem Gottesmann zum König gesalbt (1Sam 9–10,16). Nach einer parallelen Erzählung wird derselbe Saul in einer Volksversammlung in Mizpa unter der Leitung des Samuel als König ausgelost (1Sam 10,17–27), und nach einer dritten Erzählung wird das Königtum Sauls nach seinem Sieg über die Ammoniter in Gilgal erneuert (1Sam 11,14). Diese drei Erzählungen treffen sich darin, dass Saul aus dem Stamm Benjamin unter der Mitwirkung der Stammesführer wie von religiösen Amtsträgern[52]

---

51 Die Samuel- und Königebücher haben ihre Endgestalt nach einem langwierigen Überlieferungs- und Redaktionsprozess erst zu einer Zeit erhalten, als die letzten Könige Judas ihr Volk in den Untergang der babylonischen Gefangenschaft geführt hatten und die Existenz Israels zeitweilig höchst gefährdet war. Es erstaunt deshalb nicht, dass aus dieser Perspektive der Wunsch nach einem dynastischen Königtum als Verrat an Jahwe gelten musste (1Sam 8,7).

52 Die Endfassung erweckt den Eindruck, dass der Prophet Samuel in allen drei Erzählungen gemeint sei. 1Sam 9 bleibt der «Gottesmann» aber merkwürdig anonym, und die verschiedenen Rollen Samuels in 1Sam 10,17ff bzw. 1Sam 11 und 12 bleiben etwas unausgeglichen. Dass die späteren Erzähler den namentlich bekannten Propheten Samuel erwähnen, leuchtet ein, doch könnte man fragen, ob ursprünglich nicht verschiedene Gottesmänner gemeint und beteiligt waren. Oder muss man sogar annehmen, dass erst spätere Theologen der Überzeugung waren, dass an der Königswahl Sauls ein Gottesmann beteiligt gewesen sein müsse und sie darum Samuel in die Erzählung einführten?

zum König bestimmt wurde und seine Hauptaufgabe darin bestand, sich gegen den Druck fremder Mächte zur Wehr zu setzen.
Wahrscheinlich stammte Saul aus einer angesehenen und einflussreichen Familie, und es scheint, dass er seiner Aufgabe zumindest zeitweise gerecht wurde. Jedenfalls werden ihm Siege über die
Ammoniter (1Sam 11), die Amalekiter (1Sam 15) und auch die
Philister (1Sam 13–14 und 16–17, unter Beteiligung Davids) zuge-
schrieben. Die in den verschiedenen Überlieferungen über Saul enthaltenen Ortsnamen lassen darauf schliessen, dass seine Herrschaft
sich auf Gebiete in Zentralisrael (Stämme Benjamin, Efraim und
Ascher, wohl auch Manasse) und zum Teil im Ostjordanland (Gilead) bezog. Sie hat keinesfalls ganz Israel umfasst.
Die biblischen Texte erzählen allerdings auch breit vom Scheitern Sauls. Schon bei seinem Sieg über die Amalekiter steht er unter
dem Vorwurf, den göttlichen Willen missachtet zu haben, weswegen er von Jahwe verworfen worden sei (1Sam 15). Den über wun-
dersame Umstände in seine Nähe gekommenen und heimlich von
Samuel zum neuen König gesalbten Judäer David verfolgt er, beses-
sen von einem «bösen Geist» (vgl. 1Sam 16,14),[53] und schliesslich
kommt es zur vernichtenden Niederlage gegen die Philister (1Sam
31) und Sauls Tod.
Inwiefern alle diese Erzählungen geschichtliche Vorgänge spiegeln, ist umstritten. Mit einiger Sicherheit ist anzunehmen, dass
David tatsächlich längere Zeit zum engeren Umfeld Sauls gehörte
und mit Michal, der zweiten Tochter Sauls verheiratet war (vgl.
1Sam 18,20). Es scheint auch einleuchtend, dass Davids Position in
Sauls Umgebung unhaltbar wurde, ob wegen seines eigenen Ehr-
geizes oder wegen Sauls Missfallen bleibe dahingestellt. Inwiefern
die Verfolgung Davids durch Saul den geschichtlichen Ereignissen
in allen Einzelheiten entspricht, muss ebenfalls offen bleiben, denn
die Texte zeigen deutliche Spuren einer Saul feindlichen Bearbeitung. Dass Saul den flüchtigen David aber suchen liess, zumal dieser als philistäischer Vasall ein eigenes Herrschaftsgebiet im judäischen Bereich aufzubauen begann (1Sam 27), erscheint plausibel.

---

53 Es hat schon viele Versuche gegeben, diesen bösen Geist diagnostisch zu inter-
    pretieren. Dies erscheint im Blick auf die lückenhafte Schilderung des Krank-
    heitsbilds sehr zweifelhaft, doch wird man wohl annehmen dürfen, dass sich
    hinter dieser biblischen Angabe tatsächlich ein Leiden Sauls verbirgt.

Ebenso plausibel ist auch, dass die philistäischen Fürsten nach anfänglichen Verlusten versuchten, sich die Herrschaft über Israel wieder zu sichern. Im Bereich der Nordgrenze von Sauls Königreich kommt es schliesslich zur Entscheidungsschlacht, die mit dem Tod Sauls und einer vernichtenden Niederlage seiner Truppen endet. Offenbar sind die Philister aber nicht weit ins Gebirge vorgerückt, denn mit Unterstützung des entkommenen Heerführers Abner wird Sauls Sohn Eschbaal[54] zum König über Gilead, Ascher, Jesreel, Efraim und Benjamin, also letztlich über das Gebiet, in dem sich schon Saul bewegte (2Sam 2,8–11).

Wie lange die Herrschaft Sauls dabei genau dauerte, lässt sich aus den erhaltenen Überlieferungen nicht mehr erheben, doch wird man durchaus annehmen dürfen, dass er einige Jahre regiert hat.[55]

2.2. König David

Von David wird erzählt, dass er als jüngster Sohn Isais in Betlehem in Juda aufgewachsen ist. Mit ihm tritt nun auch der Stamm Juda in Erscheinung, denn in den Erzählungen des Richterbuchs kommt Juda sonst nicht vor. Nach 1Sam 16,12 wurde David schon im Verborgenen von Samuel zum neuen König gesalbt, doch dürfte dieser Bericht späterer Interpretation entstammen. Glaubwürdiger scheint die Erzählung von 1Sam 16,14ff, wonach David als begabter Lautenspieler an Sauls Hof geholt wurde, um den von einem seelischen Leiden geplagten König aufzumuntern. Auch wenn der Sieg über Goliat nach der Notiz 2Sam 21,19 nicht David, sondern einem Elchanan aus Betlehem zuzuschreiben sein dürfte, scheint David sich an der Seite Sauls als tüchtiger Kämpfer einen Namen gemacht und alsbald viele Anhänger im Volk gefunden zu haben.[56] Nach seiner Flucht vom Hofe Sauls (1Sam 19,8ff) streifte David mit seinen Gefolgsleuten im judäischen Siedlungsgebiet umher. Die Aktivitä-

---

54 1Chr 8,33; 9,39 nennt Sauls Sohn Eschbaal, 2Sam nennt ihn Isch-Boschet «Mann der Schande». Historisch dürfte Eschbaal zutreffender sein, die Namensform von 2Sam erscheint als spätere polemische Verunglimpfung.

55 In der biblischen Überlieferung sind für Saul keine eindeutigen Angaben zu finden. Die verschiedenen Ereignisse, die gerade auch in seinem Gegenüber zu David erzählt werden, brauchten aber gewiss einige Zeit.

56 Diesen Eindruck erwecken jedenfalls die biblischen Erzählungen. Möglicherweise schwingt in dieser Schilderung auch eine gehörige Portion davidischer Propaganda mit.

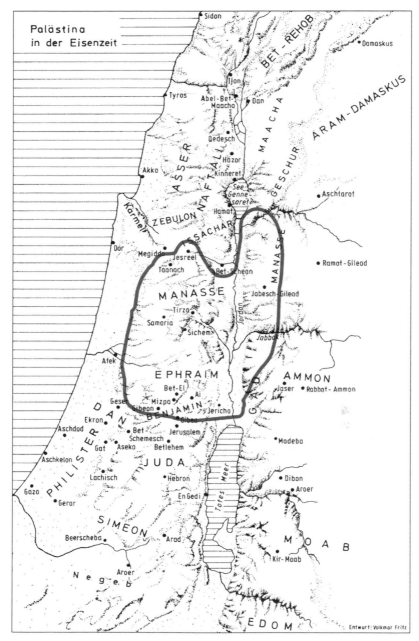

Abb. 10: Das Reich König Sauls

ten Davids sind in dieser Periode nicht über alle Zweifel erhaben:
Nach 1Sam 25 stellt er dem reichen Nabal gegenüber Schutzgeld-
forderungen, gemäss 1Sam 27 wird er Vasall des Philisterfürsten
Achisch und erwirbt seine Mittel mit Raubzügen gegen südliche
Völker.

Offenbar gab es zu dieser Zeit im Siedlungsgebiet von Juda
noch keine tragfähigen politischen Strukturen, so dass die Anwe-
senheit Davids und seiner Gefolgsleute auf keinen nennenswerten
Widerstand stiess. Im Gegenteil, indem David die in Juda ansässigen Gruppen mit Geschenken am Ertrag seiner Raubzüge beteiligte
(1Sam 30,26ff), gewann er ihre Unterstützung und wurde nach einer gewissen Zeit von den Männern Judas zum König über Juda
gemacht (2Sam 2,1–7).

Als Abner, der Heerführer Israels, den Sauliden Eschbaal fallen
liess (2Sam 3,6ff) und dieser ermordet wurde (2Sam 4), war der
Weg für David frei. Nach 2Sam 5,1–5 wurde mit den Stämmen Israels ein Vertrag geschlossen, der David zum König über Juda und
Israel machte.

Zielstrebig ging David nun daran, seine Herrschaft auszubau-
en. In einem ersten Schritt wandte er sich gegen den Stadtstaat von
Jerusalem, der immer noch zwischen Juda und Israel existierte. Es
gelang David gemäss 2Sam 5,6–14, die Stadt in seinen Besitz zu
bringen, und er machte Jerusalem mit seiner zentralen Lage zur
Hauptstadt seines Königreichs. Die genauen Umstände dieses Vor-
gangs bleiben allerdings unklar. Auch die anderen noch existierenden Kanaanäerstädte kamen nun in israelitische Hand.

In offenbar rascher Folge unternahm David Feldzüge gegen die
Philister (2Sam 5,17ff) und weitere Nachbarvölker (2Sam 8), so
dass seine Herrschaft bald von Beer-Scheba im Süden bis in syrische Gebiete im Norden reichte und auch weite Teile des Transjor-
danlandes einschloss.[57]

---

57 Die genaue Form der Herrschaftsausübung war dabei nicht überall gleich:
    Während Jerusalem und Juda offenbar als unmittelbare Herrschaftsgebiete Da-
    vids galten und die Herrschaft über Israel durch einen Vertrag geregelt war, ist
    in den eroberten Gebieten sowohl mit direkter Unterwerfung (Ammon) als
    auch mit Vasallenstatuten (Moab, Edom, Aram) zu rechnen. Wie stark diese
    Herrschaft wirklich ausgeübt wurde, bleibt unklar, man wird gewiss nicht an
    die Staatsgewalt moderner Territorialstaaten denken dürfen.

Abb. 11: Das Reich König Davids

Damit war ein völlig neues Stadium in der Geschichte Israels erreicht: In etwa zweieinhalb Jahrhunderten war aus verstreuten Gruppen im Niemandsland der palästinischen Berge ein Königreich geworden, das zumindest zeitweilig eine gewisse Macht in Syrien und Palästina darstellte. Allerdings blieb Davids Herrschaft nicht unangefochten: Der Aufstand Abschaloms (2Sam 15.19) wie auch später Schebas (2Sam 20) zeigen, dass Davids Königtum und Herrschaftsausübung nicht ohne Widerspruch blieben. Beide Aufstände konnte David niederschlagen, nicht zuletzt mit der Truppe seiner Gefolgsleute und Söldner.

Eine weitere neue Entwicklung stellte dar, dass sich mit dem Königshof auch staatliche Verwaltungsstrukturen zu entwickeln begannen. Die wohl authentische Notiz 2Sam 8,16–18 nennt unter den obersten Beamten nicht nur Joab, den Heerführer und Benaja, den Obersten der Leibwache (Kreti und Pleti), sondern auch Priester und einen Schreiber. Dies ist ein deutliches Zeichen dafür, dass die lose Stämmegesellschaft der Landnahme sich im Übergang zu einem monarchisch organisierten Territorialstaat befand.

Wie lange die Herrschaft Davids genau dauerte, ist nicht klar. 2Sam 5,4 nennt sieben Jahre in Hebron über Juda und 33 Jahre über ganz Israel. Auch wenn diese insgesamt 40 Jahre als symbolische Zahl etwas verdächtig sind, darf doch mit einer längeren Dauer von Davids Königsherrschaft gerechnet werden. Rückwärts gerechnet vom ersten in der absoluten Chronologie einigermassen gesicherten Datum der Reichsteilung nach Salomos Tod 926 v. Chr. ergibt sich für Davids Regierungszeit eine längere Periode in der ersten Hälfte des 10. Jahrhunderts v. Chr.

2.3. Zu religiösen Entwicklungen in der frühen Königszeit

Die Erzählungen der Samuelbücher enthalten einige Details, die auf erhebliche Veränderungen der Glaubenswelt Israels in der Zeit des frühen Königtums schliessen lassen. Allein der Umstand, dass in der Beamtenliste Davids Priester genannt werden, zeigt den Umbruch zwischen der familiär geprägten Glaubenswelt der Vorfahren Israels und der in institutioneller Verbindung zum Königtum stehenden Staatsreligion der Königszeit.

Es können hier nur einige dieser Aspekte aufgegriffen werden, die für die weitere Glaubensgeschichte Israels als wichtig erscheinen.

Während wir in den Vätererzählungen zwar von verschiedenen heiligen Orten hören (von denen die allermeisten in späterer Zeit als eigentliche Heiligtümer bekannt sind und es wohl auch damals schon waren), treten doch keine Priester auf. Dies ändert sich offensichtlich in der späteren Richterzeit, wenn der reiche Micha für ein privates Heiligtum einen Leviten engagiert (Ri 17) oder im Zusammenhang der Krönung Sauls ein «Gottesmann» (1Sam 9) auf der Kulthöhe (1Sam 9,12) einer Stadt ein Opfermahl feiert. Dies sind deutliche Hinweise darauf, dass der Kult dezentral in den Familien und den grösseren Siedlungen ablief, dafür aber zunehmend besondere Personenkreise, Gottesmänner und Priester, zuständig waren. So hören wir vom Priester Eli am Heiligtum in Schilo (1Sam 1–3) und wiederholt von der Gestalt Samuels, der eine schillernde Rolle zwischen politischem Führer («Richter», 1Sam 7,15) und Priester oder Prophet (z. B. 1Sam 15) einzunehmen scheint.[58] Im Zusammenhang der Saul-Erzählungen ist dann von der Priesterschaft zu Nob zu lesen (1Sam 21–22). Offensichtlich hat sich also im Zuge des Sesshaftwerdens und des Zusammenwachsens der einzelnen Gruppen ein öffentlicher Kult mit festen Heiligtümern und ständigem Kultpersonal entwickelt.

Dazu passt auch, dass die heilige Lade, die offenbar von der Exodusgruppe mitgebracht worden war und wohl in nomadischer Zeit als mobiles Heiligtum Jahwes Gegenwart repräsentieren sollte, zunächst in Schilo am Heiligtum stationiert war und, nachdem man sie zwischenzeitlich an die Philister verloren hatte, in Kirjath-Jearim eine vorläufige Bleibe fand, bis David sie nach Jerusalem bringen liess (2Sam 6).

Eine neue religiöse Fragestellung ergab sich auch mit dem Entstehen des Königtums: In welchem Verhältnis steht der König zu Jahwe? Schon bei Saul hört man 1Sam 9,1–10,16 von der Salbung durch den Gottesmann, die offenbar sowohl eine besondere Beziehung zwischen dem König und Jahwe als auch die Anerkennung des Königs durch Jahwe zum Ausdruck bringen sollte. Der gesalbte König gilt sodann auch als unverletzlich bzw. unberührbar (vgl. 1Sam 24 und 26).

---

58 Ob Samuel wirklich in dieser Weise aufgetreten ist, muss offen bleiben. Gerade die hinter 1Sam 15 und 16 stehenden Überlieferungen dürften bei späteren Bearbeitungen stark verändert und die Gestalt des Samuel späteren Prophetengestalten angeglichen worden sein.

Einen entscheidenden Einfluss auf die weitere Entwicklung des biblischen Glaubens sollte auch der Umstand haben, dass David die Lade nach Jerusalem in nächste Nähe zur Residenz brachte. Die Verantwortung für diesen Kult kam so in den unmittelbaren Bereich des Königs, zudem noch in der Stadt Jerusalem, wo mit grösster Sicherheit bis dahin andere Gottheiten verehrt worden waren. Dass Davids Priester Zadok ebenfalls aus einem kanaanäischen Geschlecht zu stammen scheint, dürfte für die weitere Geschichte biblischen Glaubens nicht unerhebliche Folgen gehabt haben. David schuf so eine enge Verbindung von Königtum und Religion, auch in Anlehnung und Anknüpfung an kanaanäische Vorbilder.

Jahwe wird so vom befreienden Gott der Exodusgruppe zum Nationalgott des Volkes Israel und damit auch zum Gott des Königs. Mit der Ausdehnung des Reiches Davids ist Jahwe der Gott ganz Israels von Dan bis Beer-Scheba geworden. Dennoch ist davon auszugehen, dass viele der familiären Kulte nach wie vor weiterlebten – auch im Haushalt Davids war ja ein *Terafim* vorhanden, den Michal in Davids Bett legen konnte (1Sam 19,13). Die Frage des Verhältnisses Jahwes zu anderen Gottheiten sollte in der Folgezeit zu einem der wichtigsten Themen der Glaubensgeschichte Israels werden.

Von König Salomo bis zum Jehu-Putsch in Samaria

1. Zur Überlieferung und zur Quellenlage

Die Königebücher des Alten Testamentes berichten ausführlich von den Ereignissen zur Zeit der verschiedenen Könige, beginnend mit Salomo (1Kön 1–11) und endend mit dem Untergang des Königreichs Juda durch die babylonische Eroberung (2Kön 24–25). Es würde zu weit führen, hier alle in den Königebüchern erzählten Begebenheiten aufzuzählen. Interessant ist, dass sie eine Mischung ganz verschiedener Texte bieten: Chroniken, Listen, Legenden, Prophetenerzählungen, Kriegserzählungen sind miteinander verbunden. Zugleich wird aber offensichtlich nicht alles umfassend erzählt, sondern immer wieder auf die Tagebücher der Könige (z. B. 1Kön 14,19f; 14,29f und öfter) verwiesen. Die Königebücher bieten also auch eine bestimmte Auswahl der geschichtlichen Überlieferung.

Man darf davon ausgehen, dass die Verfasser der Königebücher – wohl weitestgehend kurz vor oder dann nach der Zerstörung Jerusalems im Jahre 587 v. Chr. – ihre Erzählung aus verschiedensten Materialien und Quellen erarbeiteten. Es scheint auch, dass der Text der Königebücher mehrfach bearbeitet und ergänzt wurde. Ausgehend von der Beobachtung, dass in den Büchern Josua, Richter, Samuel und Könige immer wieder auf Texte aus dem Deuteronomium (= 5. Mosebuch) Bezug genommen wird, nennt man diese Verfasser meist «Deuteronomisten». In der deutschsprachigen Forschung geht man dabei im Allgemeinen von historisch orientierten Verfassern der Grundschicht («DtrH») und an den Gesetzen orientierten späteren Bearbeitern («DtrN»), eventuell auch an den Propheten interessierten Redaktoren («DtrP») aus,[59] in der

---

59 Dieses sogenannte Göttinger Modell (begründet von Rudolf Smend, Göttingen, und seinen Schülern wie Walter Dietrich, Bern, und Timo Veijola, Helsin-

englischsprachigen Forschung wird zumeist eine «doppelte Redaktion»[60] vermutet. Bei allen Differenzen in den Details ergibt dies doch Einigkeit insofern, als für die Königebücher eine Erarbeitung in mindestens zwei Schritten aus verschiedenen Vorlagen angenommen wird. Welche dieser Vorlagen als eigentliche historische Quellen gelten können, ist dann im Einzelfall zu überprüfen.

Unter diesen Vorlagen befanden sich offensichtlich die Tagebücher der Könige von Juda bzw. Israel, ebenso wie verschiedene andere Aufzeichnungen oder Erzählungen. Die in den Königebüchern aufgrund der Annalen enthaltene Chronologie sowie die Synchronismen mit altorientalischen Quellen erlauben es auch, die einzelnen Könige Israels und Judas relativ exakt zu datieren.

Neben verschiedensten archäologischen Funden aus der Königszeit – Siedlungen, Keramik etc. – finden sich in Israel und Palästina wie auch in der weiteren Umgebung nun auch da oder dort Darstellungen und Inschriften, die die Existenz Israels und Judas bezeugen.

2. König Salomo: Konsolidierung und Tempelbau

In 1Kön 1–11 wird von König Salomo berichtet. Er erscheint als der weise König schlechthin, der sich im Traum zu Gibeon (1Kön 3,1–15) Weisheit wünscht und diese etwa im sprichwörtlichen salomonischen Urteil (1Kön 3,16–28) beweist. Seine Weisheit erwies sich auch in umfassender Kenntnis der Wissenschaften (1Kön 5,9–14) und im erfolgreichen Rätselwettstreit mit der Königin von Saba (1Kön 10,1–13). Seine Regierungszeit wird als eine Zeit des Friedens und des Reichtums geschildert, nach 1Kön 10,14ff erlangte Salomo durch all seine Handelsbeziehungen und Handelsunternehmungen grössten Reichtum, so dass in Jerusalem galt: Silber, «als handle es sich um Steine» (1Kön 10,27). Breiten Raum

---

ki) erlaubt gute Erklärungen für die meisten Eigenarten des biblischen Texts, zum Forschungsstand vgl. den ausführlichen Forschungsbericht von T. Veijola, *Deuteronomismusforschung*.

60   Die englischsprachige Forschung bezieht sich dabei meistens auf das Modell von F. M. Cross (Harvard), der mit einer ersten Schicht aus der Zeit des Königs Joschija (um 620 v. Chr.) rechnet und eine weitere Bearbeitung in exilischer Zeit vermutet.

nimmt auch die Schilderung von Salomos Palast- und Tempelbau in Jerusalem ein (1 Kön 5,15–8).

Nicht alles in diesen Erzählungen entspricht nun aber der geschichtlichen Wirklichkeit, an manchen Stellen, gerade was den Reichtum und die Weisheit Salomos betrifft, dürfte vielmehr die spätere Legende kräftig gewirkt haben.

Als historische Quellen im eigentlichen Sinne können aber die Listen der Beamten Salomos (1 Kön 4,2–6) und seiner Statthalter (1 Kön 4,8–19) gelten. Historische Hintergründe haben höchstwahrscheinlich auch die Erzählungen über Salomos Bautätigkeit an Palast und Tempel wie auch andernorts in Israel.

Dies lässt erkennen, dass Salomo zuerst einmal bestrebt war, das von seinem Vater ererbte Königreich zu konsolidieren, indem er eine Verwaltung aufzubauen begann, wofür die Ministerliste ebenso wie die Statthalterliste zeugen. Auffällig ist dabei allerdings, dass in der Statthalterliste Jerusalem und Juda nicht erwähnt sind. Offenbar wurden also Juda im Süden und die Hauptstadt Jerusalem anders behandelt als die Gebiete im Norden, was wahrscheinlich nach Salomos Tod zur Spaltung des Königreichs (vgl. 1 Kön 12) beitrug.[61]

Als historisch darf auch gelten, dass Salomo in Jerusalem einen ansehnlichen Palast und in dessen unmittelbarer Nachbarschaft einen Jahwe-Tempel bauen liess. Die biblische Überlieferung beschreibt dabei ausführlich den Tempel (1 Kön 6 und 7,13ff), widmet dem Palast jedoch nur wenige Verse (7,1–12). Diese knappen Angaben lassen aber bereits erkennen, dass das Bauvolumen des Palastes um einiges grösser war als jenes des Tempels.

Die durch spätere Redaktoren ins Gewaltige gesteigerten biblischen Beschreibungen lassen an riesige Gebäude denken, und sie waren es wohl auch aus der Perspektive eines Volkes, das bis kurz zuvor überwiegend in einfachen und kleinen Bauernhöfen und Städtchen gelebt hatte. Im Vergleich mit den Bauten anderer altorientalischer und ägyptischer Herrscher waren allerdings die Bauten Salomos von durchaus bescheidenen Ausmassen.[62]

---

61   Nach 2 Sam 5,3 hatten die Nordstämme mit David einen Vertrag abgeschlossen, der ihn zum König auch über die Nordstämme machte. Man kann von daher David und Salomo als Könige zweier Königreiche in Personalunion verstehen, die nun nach Salomos Tod aufgekündigt wurde.

62   Die Masse des Tempels waren recht bescheiden: Der biblische Text nennt 1 Kön 6,2ff für den Hauptraum 60 Ellen Länge, 20 Ellen Breite und 30 Ellen Höhe

Dennoch war zu ihrem Bau offensichtlich die Einführung von Fronarbeit nötig: 1Kön 5,27ff berichtet wohl historisch zutreffend, dass Salomo in ganz Israel Fronarbeiter ausgehoben habe, auch wenn die hohen Zahlen von Beschäftigten etwas übertrieben sein dürften. Eine spätere Bearbeitung versucht diesen Umstand 1Kön 9,20–22 insofern zu relativieren, dass nur im Land übrig gebliebene Einwohner kanaanäischer Abstammung zu Frondiensten herangezogen worden seien. Dass die Vertreter der israelitischen Stämme in den Verhandlungen mit Salomos Sohn Rehabeam (1Kön 12,4) die Erleichterung des «schweren Jochs» verlangten, beweist aber dass Salomo seinem Volk grosse Lasten auferlegte, um die verschiedenen Bauten in Jerusalem und einigen wichtigen Provinzstädten zu verwirklichen.

So sehr Salomo sein Reich im Kerngebiet zu konsolidieren bestrebt war, verlor er offenbar doch zumindest teilweise die Herrschaft über ausserisraelitische Gebiete, die David zuvor erobert hatte. So lesen wir von einer Herrschaft über syrische Gebiete nichts mehr, in 1Kön 11,14ff wird aber davon berichtet, dass sich in Edom und Moab Widerstand regte, und nach 1Kön 9,10–14 musste Salomo wegen finanzieller Engpässe sogar einen Teil Galiläas an Hiram von Tyrus, seinen Bauholzlieferanten, verkaufen.

Salomo konnte also in seinem Reich staatliche Strukturen aufbauen, Jerusalem mit Tempel- und Palastbau zur zeitgemässen Residenz ausgestalten und Israel in die internationalen Handelsbeziehungen eingliedern. Damit hat er sicherlich einem Teil der Bevölkerung Wohlstand und neue Existenzmöglichkeiten eröffnet – die Bevölkerungszahl Jerusalems scheint sich in seiner Königszeit jedenfalls verdoppelt zu haben.[63] Der märchenhafte Reichtum Salomos und seiner Zeit aber konnte archäologisch nicht belegt werden, im Gegenteil sind Funde von Gold und Silber in späteren Fundschichten wesentlich häufiger als in den allenfalls salomonischen. Der Ruf Salomos als des Reichen und Weisen dürfte von

---

und zudem eine Vorhalle von 20 Ellen Länge. Insgesamt ergibt dies Abmessungen von ca. 40 m Länge, 10 m Breite und 15 m Höhe. Für das «Libanonwaldhaus» – offenbar eine Art Thronsaal und Empfangshalle – nennt der biblische Text 1Kön 7,2–5 Masse von ca. 50 x 25 x 15 m, der Palast selbst dürfte nochmals um einiges grösser gewesen sein.

63   E. Otto, *Jerusalem,* S. 56 rechnet mit einer Verdoppelung auf ca. 5000–6000 Einwohner.

daher eher damit zu begründen sein, dass in seiner Regierungszeit neue Gesellschaftsschichten entstanden, die in Handel und Verwaltung ihr Auskommen fanden und sich später zu einer Elite im wirtschaftlichen wie im kulturellen Sinne entwickelten.

Abb. 12:   Die Provinzen Salomos mit den 12 Bezirken gemäss 1. Könige 4,7–19

Der ehedem freien Landbevölkerung besonders der Nordstämme auferlegte Salomo allerdings auch die staatlichen Lasten
von Frondiensten und Abgaben, die offensichtlich als hartes Joch
empfunden wurden und Widerstand weckten (vgl. 1Kön 11,26ff).

3. Die Spaltung in zwei Königreiche

In 1Kön 11,41–43 wird davon erzählt, dass nach Salomos Tod
nach einer langen Regierungszeit sein Sohn Rehabeam zum König
wurde. Unmittelbar anschliessend wird in 1Kön 12 davon berichtet, dass Rehabeam in Sichem mit den Stammeshäuptern Israels zu
Verhandlungen zusammentraf, in deren Verlauf eine Erleichterung
des «schweren Jochs» der Frondienste und Abgaben verlangt wurde. Die Erzählung von 1Kön 12 lässt uns zwar über viele Details im
Unklaren,[64] eine Einigung jedenfalls kam nicht zu Stande, und so
sagten sich die Stämme des Nordens von Rehabeam los, dem nur
noch die Herrschaft über Jerusalem und Juda blieb. Von diesem Königreich muss fortan als dem Königreich Juda gesprochen werden.
    Im Norden wurde nun Jerobeam Ben Nebat zum König, das
Königreich Israel entstand. Dieser Jerobeam stammt nach 1Kön
11,26 aus dem Stamm Efraim und war ein Beamter Salomos gewesen, hatte sich aber schon gegen diesen gewandt und offenbar zeitweilig in Ägypten Zuflucht suchen müssen. Nun stand er den
Stämmen Israels als König zur Verfügung und konnte offensichtlich auch Versuchen Rehabeams, den Norden mit militärischer Gewalt zurückzuerobern, erfolgreich widerstehen. Für die folgenden
Jahrhunderte war die Existenz des Volkes Israel in den zwei König-
reichen Israel und Juda gegeben.
    In den chronologischen Abschnitten der Königebücher ist die-
ses Nebeneinander insofern wiedergegeben, als jeweils die Thron-
wechsel im einen Königreich in ein bestimmtes Regierungsjahr des
Königs des anderen Königreichs datiert werden. Ein schönes Beispiel findet sich etwa in 1Kön 16,29:

---

64 Die Schilderung 1Kön 12 zeigt Spuren verschiedener Bearbeitungen und ist of-
    fensichtlich auch erst aus späterer Sicht verfasst worden. Im Kern der Sache – für
    den Streit um die Lasten des Königtums und wohl für ein ungeschicktes Verhal-
    ten Rehabeams und seiner Berater – dürfte sie aber ein zutreffendes Bild bieten.

Und Ahab, der Sohn Omris, wurde König über Israel im acht-
unddreissigsten Jahr Asas, des Königs von Juda, und zweiund-
zwanzig Jahre lang war Ahab, der Sohn Omris, in Samaria Kö-
nig über Israel.
Aufgrund dieser chronologischen Notizen lässt sich eine recht
exakte Chronologie der Königszeit in Juda und Israel erarbeiten.
Schwierigkeiten bestehen natürlich insofern, als das exakte Datum
eines Regierungsantritts bzw. Regierungswechsels irgendwann im
Jahr stattfinden konnte, das erste und letzte Regierungsjahr eines
Königs also nicht zwingend 12 Monate umfasste. Je nachdem, wie
man dies zu berücksichtigen versucht, ergibt sich eine kürzere oder
längere Chronologie der Königszeit, die für das Datum der Reichsteilung um zirka 6 Jahre differieren. Wir beziehen uns im Folgenden auf die (kurze) Chronologie in Herbert Donners *Geschichte Israels und seiner Nachbarn in Grundzügen*, die die Reichsteilung
auf das Jahr 926 v. Chr. datiert.

4. Die Geschichte Judas bis etwa 800 v. Chr.

Rehabeam blieb auch nach der Reichsteilung König von Juda. Offenbar versuchte er, die Herrschaft über den Norden militärisch
wieder zu gewinnen, doch scheiterte dieses Vorhaben. Es entstand
nach der Notiz in 1Kön 14,30 ein dauernder Grenzkrieg zwischen
Juda im Süden und Israel im Norden. Rehabeam errang hier offensichtlich keine Erfolge, konnte sich aber behaupten, obwohl die
Grenze der Hauptstadt Jerusalem bedrohlich nahe war. Auch den
Vorstoss des ägyptischen Pharaos Schischak nach Palästina über-
stand er, auch wenn er nach der Notiz 1Kön 14,25ff als Tributzah-
lung den grössten Teil des Goldschatzes opfern musste, den sein
Vater Salomo gebildet hatte.

Die Dynastiefolge blieb in Juda zunächst unangetastet, auf Rehabeam (926–910 v. Chr.) folgten sein Sohn Abia (910–908 v. Chr.)
und sein Enkel Asa (908–868 v. Chr.). Auch unter diesen beiden Königen schwelte der Grenzkrieg mit Israel weiter, bis er während der
Regierungszeit Asas mit grosser Heftigkeit aufflammte. Zunächst
erfolgte ein Vorstoss Israels bis vor die Tore Jerusalems (1Kön
15,16–22), dem sich Asa mit einem diplomatischen Schachzug ent-
ziehen konnte: Er bewog den Aramäerkönig Ben-Hadad dazu, in

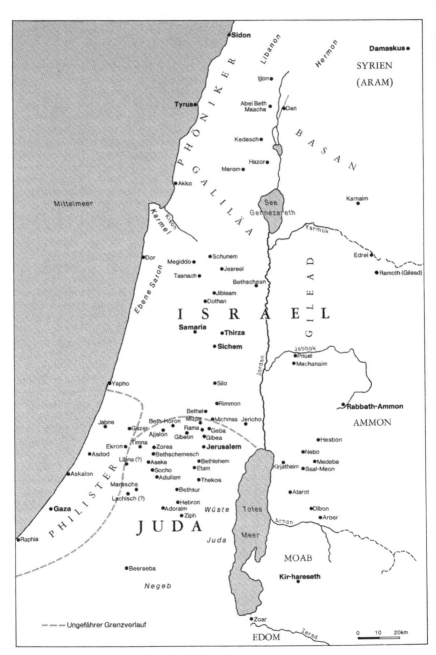

Abb. 13:   Israel und Juda in der Königszeit

Nordisrael einzufallen, was den Abzug der israelitischen Truppen aus dem Süden erzwang und Asa erlaubte, seinerseits nach Norden vorzustossen und die Grenze bis nach Mizpa und Geba zu verschieben. Es folgte nun eine längere Periode des Friedens zwischen Süd- und Nordreich, 1Kön 22,45 spricht ausdrücklich von einem Friedensschluss zwischen Asas Nachfolger Joschafat (868–847 v. Chr.) und dem Nordreich. Joschafat und spätere judäische Könige sind sogar als Waffengefährten nordisraelitischer Könige anzutreffen (vgl. 1Kön 22,2–38; 2Kön 3,4–27; 2Kön 8,28), und Joschafats Sohn Joram (Regent 852, König 847–845 v. Chr.) war auch mit der nordisraelitischen Prinzessin Atalja verheiratet.

Diese enge Verbindung zum Nordreich hatte allerdings zur Folge, dass König Ahasja von Juda 845 v. Chr. beim Putsch des Jehu in Samaria gegen den König Joram von Israel zusammen mit diesem ums Leben kam (2Kön 9,27). Die Königinmutter Atalja benutzte in Jerusalem diese Gelegenheit, selbst an die Macht zu kommen, indem sie alle möglichen Thronfolger ermorden liess (2Kön 11).

Einzig der offensichtlich noch neugeborene Joahas konnte durch eine heimliche Intervention seiner Tante gerettet und unter dem Schutz der Priester versteckt werden (2Kön 11,2ff), bis er nach sechs Jahren als Kronprinz präsentiert und zum König gemacht werden konnte (840 v. Chr.). Zunächst wohl einem Regenten unterstellt, sollte Joahas 40 Jahre lang regieren, worüber die Königebücher kaum etwas erzählen. 801 v. Chr. wurde er allerdings selbst von zwei Dienern umgebracht (2Kön 20f), was seinen Sohn Amazja aber nicht von der Thronfolge ausschliessen konnte.

5. Die Geschichte Israels bis zum Jehu-Putsch in Samaria

Die Geschichte des Nordreichs Israel verlief wesentlich unruhiger als jene von Juda. Jerobeam musste sich zuerst gegen die Angriffe Rehabeams zur Wehr setzen und zudem eine eigene Infrastruktur aufbauen. Israel hatte keine Hauptstadt mehr und mit dem Tempel in Jerusalem auch ein religiöses Zentrum verloren. Jerobeam selbst residierte an verschiedenen Orten (Sichem, Penuël, Tirza) und entschied sich, die beiden alten Heiligtümer von Dan und Bet-El zu königlichen Kultstätten auszubauen (1Kön 12,25–33). Besonders Bet-El, das auf eine lange Tradition als Kultort aufbauen konnte (vgl. Gen 28 den Traum von der Himmelsleiter), war geeignet, mit dem Jerusalemer Tempel Salomos in Konkurrenz zu treten. In der späteren Überlieferung wurden die goldenen Stierstandbilder,[65] die offenbar an beiden Orten entweder als Symbole für die göttliche Präsenz oder zumindest als Postamente für den unsichtbaren Gott Jahwe aufgestellt wurden,[66] zu den «goldenen Kälbern» und damit zu dem, woran besonders Anstoss genommen wurde. Die deuteronomistischen Redaktoren der Königebücher werden darum auch nicht müde, die Neugründung bzw. Wiederbelebung des Kultes in Bet-El als die «Sünde Jerobeams» zu brandmarken und auch jedem folgenden König des Nordreichs vorzuwerfen.

Politisch hatte Jerobeam insofern Erfolg, als es ihm gelang, Israel in seinen ungefähr 20 Jahren der Regentschaft als Königreich neu zu konstituieren. Die Frage der Thronfolge oder der Dynastiegründung blieb aber offen, so dass zwar 907 v. Chr. nach Jerobeams Tod sein Sohn Nadab den Thron erbte, aber ungefähr ein Jahr später bereits bei einem Feldzug gegen die Philister einem Aufstand im Heerlager zum Opfer fiel (1Kön 15,25–32). Der Anführer des Aufstandes hiess Bascha und wurde nun selbst König (906–883 v. Chr.) Bascha unterliess es nicht, sämtliche Nachfahren Jerobeams zu töten, um die eigene Herrschaft zu sichern, versuchte aber selbst wiederum eine Dynastie zu begründen. Wenn wir auch über Baschas Königtum kaum etwas wissen, so doch wenigstens, dass er eines natürlichen Todes starb und sein Sohn Ela ihm auf den Thron folgte. Ela (883–882 v. Chr.) wurde seinerseits wiederum zum Opfer des Aufstandes des Streitwagenobersts Simri (vgl. 1Kön 16,8ff), der Ela in der Residenz in Tirza ermordete, während das Heer die philistäische Stadt Gibbeton belagerte. Im Heerlager brach nun wiederum eine Revolte aus, die den Heeresobersten Omri auf den Thron brachte. Dieser brach dann offen-

---

65   Dass Gottheiten auf oder in Gestalt von Stieren erscheinen, ist im Altertum weit verbreitetes Gedankengut. Beispiele finden sich gerade auch aus der späten Bronze- und frühen Eisenzeit in Palästina (vgl. O. Keel/Ch. Uehlinger, *Gottessymbole*, S. 135.215ff).

66   Die genaue Deutung der Standbilder ist umstritten. Wenn man davon ausgeht, dass auch im salomonischen Tempel Jahwe als unsichtbar auf dem Kerubimthron sitzend dargestellt wurde, und in 1Kön 12,28 liest, dass ein Bezug zum Auszugsgeschehen hergestellt wird, dann ist auch für Bet-El anzunehmen, dass der Stier als Thron für die unsichtbare Gottheit Jahwe, den Gott des Auszugs, gedacht war.

sichtlich die Belagerung Gibbetons ab und zog mit dem Heer gegen die Residenz Tirza und belagerte diese. Was sich nun genau abspielte ist nicht ganz eindeutig, nach 1Kön 16,18 habe Simri die Residenz selbst in Brand gesteckt und sei nach nur sieben Tagen Königsherrschaft in den Flammen umgekommen.

Neben Omri gab es allerdings noch einen zweiten Kronprätendenten, einen gewissen Tibni (1Kön 16,21ff), und nach den chronologischen Angaben in 1Kön 16[67] müssen beide etwa 4 Jahre nebeneinander als Könige regiert haben – 1Kön 16,21 spricht denn auch von einer Spaltung des Volks und damit wohl auch der Herrschaft. Nach dem Tod Tibnis war der Weg für Omri frei, er konnte 878 v. Chr. die Herrschaft wieder in seiner Hand vereinigen.

So kam der Offizier Omri auf den Thron Israels und regierte nun bis 871 v. Chr. Omri gründete die neue Hauptstadt Samaria des Königreichs Israel (1Kön 16,24ff), was wohl als Versuch zu werten ist, dem Königreich Israel klare Strukturen und eine strategisch günstig gelegene Hauptstadt zu geben. Auf Omri folgte sein Sohn Ahab (871–852 v. Chr.), der mit einer phönizischen Prinzessin verheiratet war (Isebel, 1Kön 16,31).

Offenbar gelang es Omri und Ahab, das Land Israel in wirtschaftlicher wie in politischer Hinsicht zu stärken, so dass sowohl der Bau einer neuen Hauptstadt als auch das Knüpfen internationaler Beziehungen möglich wurde. Es scheint auch, dass Ahab einer der mächtigeren Könige Palästinas war, denn in den assyrischen Berichten über die Schlacht von Qarqar am Orontes im Jahre 853 v. Chr. erscheint Ahab als einer der Gegner des assyrischen Grosskönigs Salmanassar III.[68] Nach dieser assyrischen Inschrift stellte Ahab mit 2000 Streitwagen eines der grössten Kontingente unter den Königen der antiassyrischen Koalition. Auch wenn die absoluten Zahlen nach altorientalischer Sitte übertrieben sein dürften, geben sie doch einen guten Eindruck der Gewichte

---

67   1Kön 16,15 nennt als Jahr für den Aufstand Simris das 27. Jahr des judäischen Königs Asa, 1Kön 16,23 als Datum für den Regierungsantritt Omris das 31. Jahr Asas und nennt für Omri eine Regierungszeit von 12 Jahren. Nach 1Kön 16,29 starb Omri aber bereits im 38. Jahr Asas. Die Zahlen sind nur so miteinander zu vereinbaren, dass Omri zwar vom 27. Jahr Asas an als König galt und ungefähr 12 Jahre regierte, die ersten 4 Jahre aber den Gegenkönig Tibni neben sich dulden musste.

68   Vgl. K. Galling, *Textbuch zur Geschichte Israels*, S. 49f.

unter den verschiedenen Königen und bestätigen die Macht und Bedeutung Ahabs.[69]

Ahab hat auch die Hauptstadt weiter ausgebaut, und offenbar auch einen Baaltempel errichtet (1Kön 16,32). Die deuteronomistischen Erzähler sehen darin den grossen Abfall Ahabs, der wegen seiner Frau Isebel einen fremden Gott verehrt habe. Andererseits scheint es in Israel immer noch Nachfahren jener Stadtbewohner kanaanäischer Herkunft gegeben zu haben, die erst unter David und Salomo zum israelitischen Staatsgebiet gekommen waren. Es ist von daher anzunehmen, dass Ahab neben den staatlich getragenen Jahwekulten[70] in Bet-El und Dan und wohl auch in Samaria[71] dem (längst existierenden) Baalskult jener Bevölkerungsschichten königliche Anerkennung zu schaffen versuchte.

In der Erzählung der Königebücher wird Ahab so aber zum grossen Gegenspieler des Propheten Elija in der Frage, ob denn nun Jahwe oder Baal der Gott Israels sei (1Kön 17–22).

Unter der Regierung Omris und Ahabs etablierte sich Israel als ein starkes Königreich in Palästina. Im Inneren scheinen zwar religionspolitische Differenzen zwischen Jahwe- und Baal-Verehrern entstanden zu sein,[72] doch war es den Omriden gelungen, sich nach aussen abzusichern und ein stabiles Staatswesen zu schaffen. Auch mit dem Bruderstaat Juda war ein dauerhafter Friede gefunden worden, zeitweise zogen auch beide Königreiche vereint ins Feld. Mit der Zeit scheinen allerdings Konflikte mit dem ebenfalls erstarkten Aram zu einer Bedrohung für Israel geworden zu sein.

---

69 Macht und Bedeutung Ahabs werden auch in der berühmten *Mescha*-Stele und der *Tel-Dan*-Inschrift bestätigt.

70 Die beiden Thronfolger Ahabs, Ahasja und Joram, tragen immerhin den Namen Jahwes auch in ihren Eigennamen. Jahwe dürfte von daher weiterhin als Nationalgott zu betrachten sein.

71 Bei Ausgrabungen fand man in Kuntillet-Adjrud einen Krug aus der Zeit um 800 v. Chr., auf dem offenbar von einem «Jahwe von Samaria» die Rede ist (vgl. dazu unten, S. 90f).

72 Für die späteren Erzähler besteht zur Zeit Ahabs ein eigentlicher Konflikt zwischen Baal und Jahwe (vgl. 1Kön 18), doch dürfte hier eine spätere Sicht vorliegen, die einen Ausschliesslichkeitsanspruch der Jahwe-Verehrung voraussetzt. Wahrscheinlich gab es zur Zeit Ahabs schon Gruppen, die diesen Anspruch voraussetzten, wie die Rekabiter, die beim Putsch des Jehu gegen Ahabs Sohn Joram eine Rolle spielten (2Kön 9,15), doch dürften diese Gruppen eine kleine Minderheit gewesen sein.

Ob und wann die in 1Kön 20 und 22 erwähnten Kämpfe Ahabs gegen die Aramäer stattfanden, ist allerdings nicht ganz klar.[73]

Als Ahab 852 v. Chr. starb,[74] folgte ihm sein Sohn Ahasja auf den Thron, der aber schon bald tödlich verunglückte, so dass sein jüngerer Bruder Joram König wurde (851–845 v. Chr.). Joram setzte die Politik seines Vaters fort, doch hatte er nun einen schweren Stand gegen die Aramäer.

Nach 2Kön 8, 28ff zog Ahasja von Juda an der Seite Jorams gegen die Aramäer ins Feld, doch wurde Joram in der Schlacht verletzt und zog sich nach Jesreel in die Sommerresidenz der israelitischen Könige zurück, um sich auszukurieren. In diesem Moment putschte der Streitwagenoffizier Jehu gegen Joram von Israel, offenbar mit Billigung oder Beauftragung durch einen Prophetenschüler Elischas (vgl. 2Kön 9). Im Zuge dieses Putsches kam nicht nur Joram ums Leben, sondern auch sein Cousin Ahasja von Juda sowie alle übrigen Omriden wurden getötet, Jehu zog als neuer König in Samaria ein.

Interessant ist in diesem Zusammenhang die vor wenigen Jahren gefundene Inschrift aus Tel-Dan, in der sich der Aramäerkönig Hasaël rühmt, einen König Israels und einen König des Hauses David getötet zu haben. Im Fragment B dieser Inschrift erscheinen Reste der Namen dieser Könige, die darauf schliessen lassen, dass es sich um Joram von Israel und Ahasja von Juda gehandelt haben dürfte, die allerdings nach der Erzählung von 2Kön 9 845 v. Chr. vom putschenden Streitwagenoffizier Jehu getötet wurden. Nachdem die Inschrift wohl in die Mitte des 9. Jahrhunderts gehört, sie aber nicht vollständig ist, lassen sich die Details kaum mehr erschliessen. Die biblischen Erzählungen werden aber insofern bestätigt, als beide Könige als Gegner der Aramäer auftreten und sie Seite an Seite starben – ob durch die Hand des Aramäers, oder durch die Hand des Putschisten, muss im Moment offen bleiben.

---

73 Die Berichte stehen im weiteren Zusammenhang der Elija-Elischa-Erzählungen, die offenbar nachträglich in den Erzählzusammenhang der Königebücher eingeschoben worden waren. Ob sich diese Berichte also wirklich schon auf Ahab, der ja 853 v. Chr. als Kampfgefährte der Aramäer am Orontes gegen die Assyrer erscheint, oder erst auf seinen Sohn Joram beziehen, muss offen bleiben.

74 Die biblischen Angaben sind nicht eindeutig: Nach 1Kön 22,29ff starb Ahab an einer Verletzung in der Schlacht, die Schlussformel 22,40 spricht aber ganz undramatisch davon dass er «sich zu seinen Vorfahren» legte.

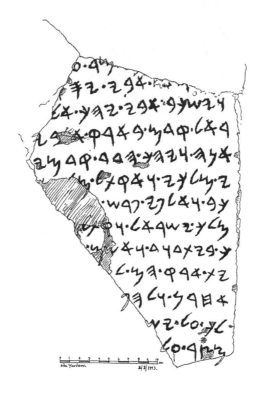

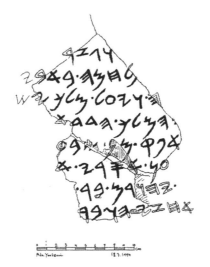

Abb. 14:   Die Tel-Dan-Inschrift

6. Religiöse Entwicklungen und Fragestellungen von Salomo bis um 850 v. Chr.

Zwischen den Zeilen der politischen und wirtschaftlichen Geschichte scheint auf, dass sich die Gesellschaft und die Religion im Israel und Juda der Königszeit veränderten. Zu nennen sind verschiedene Entwicklungen, die nachfolgend kurz angesprochen werden sollen:

6.1. Der Tempel in Jerusalem: synkretistischer Staatskult der Davididen

Nach den Berichten des 1. Königebuchs hat Salomo in Jerusalem für Jahwe einen Tempel gebaut, an einem Ort, der bis dahin mit der Jahwe-Religion in keinem Zusammenhang stand. Auffällig ist dabei, dass im Tempelbaubericht von 1Kön 6 nichts über die Grundsteinlegung, die Fundamente und das eigentliche Hauptgebäude des Tempels erzählt wird. Dieser Umstand sowie die Feststellung, dass der Oberpriester Davids und Salomos, Zadok, offensichtlich aus der vorisraelitischen Priesterschaft des jebusitischen Jerusalems stammte, legen den Schluss nahe, dass Salomo ein bereits bestehendes Tempelgebäude in Jerusalem zum Jahwe-Heiligtum umbaute.[75] Es ist in letzter Zeit nachgewiesen worden, dass im jebusitischen Jerusalem eine solare Gottheit verehrt worden war, deren Heiligtum nun unter den Davididen von Jahwe übernommen wurde.[76]

Dies hatte nicht nur für die Religion der Jerusalemer Stadtbevölkerung Auswirkungen, sondern damit erhielt auch die Jahwe-Religion zusätzliche Dimensionen: Jahwe war nun nicht mehr nur der Wüstengott, der Vätergott und der Kriegsgott der israelitischen Stämme,[77] er nahm zudem auch die Stellung des kanaanäischen Gottes El und der kanaanäischen Sonnengottheit ein.

Man mag dies als Verfälschung altisraelitischer Religion verstehen, man darf aber nicht übersehen, dass damit die Jahwe-Reli-

---

75 Vgl. dazu K. Rupprecht, *Der Tempel von Jerusalem.*
76 Vgl. O. Keel/Ch.Uehlinger, *Jahwe und die Sonnengottheit von Jerusalem.*
77 Heute wird auch vermutet, dass Jahwe ursprünglich als Wettergottheit zu verstehen ist, die in der Wüstenzeit zum Gott der aus Ägypten entflohenen Gruppe wurde.

gion eine universalistische Stellung annahm: Im Jerusalemer Synkretismus verbanden sich Eigenschaften verschiedener Götter in einer Gottheit, die nun als Weltschöpfer, als König der Götter wie
der Völker und auch als Gott der Gerechtigkeit erfahren wurde.
Diese Gottheit war fest mit dem Heiligtum in Jerusalem verbunden, so dass der Tempelberg als Zion geradezu zum Mittelpunkt
der Welt werden konnte. Kunstvolle Zeugnisse dieser Jerusalemer
Tempeltheologie finden sich in vielen Psalmen, die Jahwe als den
im Tempel gegenwärtigen Gott des Heils besingen.[78] Interessant ist
dabei, dass in der Jerusalemer Theologie die Befreiung aus Ägypten
lange Zeit keine erkennbare Rolle spielte – vielleicht weil die Vorfahren des Stammes Juda nicht zur Ägyptengruppe gehört hatten
und die Auszugsgeschichte nicht kannten, vielleicht auch weil man
sich von den konkurrierenden Heiligtümern in Nordisrael absetzen
wollte, wo die Auszugstraditionen gepflegt wurden.

Eine besondere Stellung im Kult Jerusalems nahm auch der König aus dem Davidsgeschlecht ein, verschiedene Psalmen (z. B. 2;
21; 45; 110) legen beredtes Zeugnis davon ab, wie eng der im Palast neben dem Tempel thronende König mit seinem Gott verbunden wurde: In Psalm 2 etwa wird er als «Sohn Gottes» angesprochen und wird ihm die Weltherrschaft versprochen – in Analogie
zur Weltherrschaft Jahwes,[79] auch wenn das effektive Königreich
von beschränkter Grösse war.

Der Jahweglaube hat so in seiner Jerusalemer Ausprägung verschiedene Dimensionen hinzugewonnen, die später den Weg zur
Alleinverehrung Jahwes eröffneten. Noch aber wurden neben
Jahwe andere Gottheiten verehrt, insbesondere eine ursprünglich
offenbar weibliche Partnerin Jahwes, die Aschera. In den Königebüchern erfährt man immer wieder von Ascheren, die später Anstoss erregten, und die deuteronomistische und schriftgelehrte Bearbeitung des AT hat die Spuren des Aschera-Kults weitestgehend
verwischt, so dass man über sie kaum Näheres weiss.[80] Archäolo-

---

78 Zur Heilsgegenwart als konstitutivem Element der Theologie der Psalmen vgl.
    H. Spieckermann, *Heilsgegenwart*.
79 Auch wenn Psalm 2 spätere Erweiterungen und Bearbeitungen erfahren hat,
    dürfte er doch seine Wurzeln im Jerusalemer Königskult haben, etwa im Zu-
    sammenhang mit der Inthronisation eines neuen Königs.
80 Vgl. die verschiedenen Arbeiten zur Aschera (z. B. J. Day). In der Königszeit
    scheint sie auch ikonographisch nicht mehr als eine personale, weibliche Gott-

Abb. 15:   Kuntillet-Adjrud, Pithos A, Ausschnitt

gische Funde aber beweisen, dass Aschera lange Zeit neben Jahwe
verehrt wurde, im berühmten Fund von Kuntillet-Adjrud ist beispielsweise zu lesen: «Ich habe Euch gesegnet durch Jahwe von Samaria und seine Aschera.»[81]

6.2 Die «goldenen Kälber», der Staatskult Nordisraels und früher prophetischer Widerstand

Nach der Trennung von Jerusalem und Juda musste Jerobeam
auch die religiöse Identität seines neuen Königreiches bedenken,
zumal im Gebiet Nordisraels mit grösster Wahrscheinlichkeit in

heit aufgefasst worden zu sein, sondern mehr als eine Art den göttlichen Segen
vermittelndes Kultsymbol, oft in Form eines Pfahls oder Baums.

81   Der Fund stammt aus einer Anlage im Negev, die wohl als Handels- und Kara-
wanenstation diente. Der genannte Ausdruck ist mindestens zweimal belegt,
vgl. dazu die leicht zugängliche Publikation bei K. Smelik, *Historische Dokumente*, S. 143 ff.

den Städten immer noch grössere Bevölkerungsteile kanaanäischer Abstammung lebten. Mit der Anknüpfung an die alten Heiligtümer von Dan und Bet-El und dem Bezug auf die Überlieferung vom Auszug aus Ägypten versuchte er offensichtlich eine neue Identität Israels zu schaffen. Die Traditionen von dem aus der Knechtschaft befreienden Gott wurde offenbar ein erstes Mal gegen die Herrschaftsansprüche der Davididen Salomo und Rehabeam fruchtbar gemacht (vgl. 1Kön 12,28). Die Stierbilder in den neu gestalteten Heiligtümern wurden aber alsbald von den Jerusalemer Kreisen als «goldene Kälber» verunglimpft.

Zudem konnten damit die Bedürfnisse der kanaanäischen Gruppen kaum befriedigt werden. Dem versuchten offenbar Omri und Ahab mit der Förderung auch des Kults des kanaanäischen Baal zu begegnen – jedenfalls hat man gerade aus dem 9. und 8. Jahrhundert v. Chr. Gegenstände gefunden, die mit der Verehrung Baals als Himmelsgottheit in Zusammenhang stehen dürften.[82] Zugleich haben aber im Königshaus wie auch die sonst in Israel bekannten (und etwa auf Siegeln bezeugten) Personennamen einen überwiegenden Bezug zu Jahwe. Versuchten die Omriden vielleicht gar eine Verschmelzung Jahwes mit Baal zum neuen Nationalgott Israels? Oder begnügten sie sich mit einem Nebeneinander von Jahwe und Baal?

Allerdings konnte dieses «Hinken» auf beiden Seiten (1Kön 18,21), wie es in der Erzählung formuliert wird, die Elija als Gegenspieler[83] des Königs Ahab schildert, auf die Dauer kaum gut gehen. Zwar war man, wie die zahlreichen Funde religiöser Darstellungen gerade aus dem Bereich des Alltagslebens und der Familien beweisen, auch im Nordreich einen Synkretismus verschiedener Gottheiten gewohnt, und es hatte auch längst eine gewisse Verschmelzung des kanaanäischen El mit Jahwe stattgefunden, doch konnte sich das Königshaus kaum auf Jahwe und Baal zugleich als Nationalgottheiten berufen.

Zudem ist anzunehmen, dass gerade Omri und Ahab für ihre Bauten – einschliesslich des Baal-Tempels in der neuen Hauptstadt Samaria –, wie alle anderen Könige des Alten Orientes auch, auf

---

82 Vgl. O. Keel/Ch. Uehlinger, *Gottessymbole*, S. 317ff.

83 Elija erscheint in Bezug auf die Religionspolitik des Königshauses als politisch wirkender Prophet, nicht aber in den weiteren Erzählungen über ihn: Da steht eher seine Heiler- und Wundertätigkeit im Mittelpunkt.

Frondienste zurückgreifen mussten. Und wenn es zutrifft, dass gerade Jerobeam den Bezug zur Befreiung durch Jahwe aus der ägyptischen (Fron-)Knechtschaft herstellte, ist es einleuchtend, dass die Machtansprüche des Königshauses wiederum auf Widerstand jahwistischer Kreise stossen mussten. Die Erzählung von der widerrechtlichen Aneignung des Weinberges Nabots durch Ahab und der darauf folgenden Schelte durch Elija dürfte in solche Zusammenhänge gehören (vgl. 1 Kön 21).

Das Auftreten der Gottesmänner Elija und Elischa, von denen in den Königebüchern legendenhaft berichtet wird, gewann so auch eine politische Dimension. Ihr Handeln und Verhalten entspricht zunächst in vielem dem anderer Gottesmänner und Wundertäter,[84] doch treten sie als strenge Jahwe-Anhänger in Gegensatz zum Königshaus, und nach 2 Kön 9 kam der Anstoss zum Putsch gegen Joram auch aus der Umgebung Elischas.

Mit dem Putsch Jehus gegen Joram wurde die Frage: Jahwe oder Baal, geklärt, Jehu zeigte sich als strenger Jahwe-Anhänger und liess den Baalstempel in Samaria zerstören (2 Kön 10). Jahwe blieb der eine und einzige Nationalgott Israels und Judas.

Dennoch gab es gegen 800 v. Chr. in Israel wie in Juda auf der Ebene der privaten und familiären Religionsausübung verschiedenste Geister und Gottheiten, die neben – oder besser gesagt: «unter» – Jahwe verehrt wurden. Die weiteren Schritte hin zu einer monotheistischen Religion hatte der Jahwe-Glaube noch vor sich. Dennoch ist festzuhalten, dass in Jerusalem wie wohl auch in Bet-El und Dan Schritte getan worden waren, die immer mehr Lebensbereiche mit dem Jahwe-Glauben in Verbindung brachten und so den Weg zum späteren Monotheismus Israels eröffneten.

---

84   Vgl. die Erzählungen in 1 Kön 17; 2 Kön 2–8,6.

Ein Gott allein?!

Die Zeit der letzten Könige und das Wirken der Propheten

1. Zur Überlieferung und zur Quellenlage

Über die Zeit von Jehus Putsch in Samaria bis zur Zerstörung Jerusalems durch die Babylonier 587 v. Chr. gibt es in der Bibel die Berichte im 2. Königebuch, Kapitel 12 ff. Zu diesen Berichten ist wiederum festzuhalten, dass sie eine Mischung von Annalenauszügen, Legenden und Kommentaren der deuteronomistischen Redaktoren enthalten. Hinzu kommen nun aber einige der Prophetenbücher des Alten Testamentes, die Berichte über das Wirken verschiedener Propheten in der späten Königszeit enthalten. Zu nennen sind insbesondere der erste Jesaja, Amos, Hosea, Micha, Zefanja, Nahum und Habakuk. In den entsprechenden Prophetenbüchern finden sich ebenfalls Informationen über die politische, soziale und religiöse Entwicklung in ihrer Zeit, auch wenn die Sammlung der einzelnen Prophetenworte im Zentrum steht. Zusammen mit den Angaben, die sich in altorientalischen Inschriften finden, lässt sich ein relativ genaues Bild der historischen und sozialen Vorgänge dieser Epoche zeichnen, das von den zahlreichen archäologischen Funden aus dieser Zeit ergänzt wird. Auch die religiösen Entwicklungen und Fragestellungen der Zeit bilden sich in den Texten ebenso wie in den archäologischen Funden gut ab, obwohl die Mehrzahl der Texte erst in späterer Zeit verfasst wurde.

2. Die geschichtlichen Vorgänge

2.1 Die weltpolitische Lage und ihre Auswirkungen auf die Geschichte Israels und Judas von 850 v. Chr. bis 734 v. Chr.

853 v. Chr. hatte eine Koalition verschiedener Könige, unter anderem Ahabs von Israel, in der Schlacht bei Qarqar am Orontes den Vormarsch der assyrischen Grosskönige nach Westen zumindest vorläufig stoppen können. Es kam in der Folge dann zu den kriegerischen Auseinandersetzungen zwischen Aramäern und Israel, in deren Kontext 845 v. Chr. auch Jehu gegen König Joram geputscht hatte. Ein erneuter Vorstoss der Assyrer gegen Syrien verschaffte Jehu (845–818 v. Chr.) ungefähr zehn Jahre Ruhe von den Aramäern, Jehu seinerseits brachte 841 v. Chr. dem Assyrerkönig Salmanassar III. Tribut dar.[85] Jehus Putsch hatte das Land allerdings so sehr geschwächt, dass es den nach 838 v. Chr.[86] neu aufkommenden Vorstössen der Aramäer kaum mehr viel entgegenzusetzen hatte. Nach 2Kön 12,18f belagerte Hasaël sogar die Küstenstadt Gat, konnte also relativ ungehindert durch Israel marschieren. Die Kämpfe scheinen nach den Schilderungen im Zusammenhang mit den Elischa-Legenden (2Kön 6)[87] und den Worten des Propheten Amos (Am 1,3–5) auch besonders grausam gewesen zu sein. Nach 2Kön 13,7 waren unter Jehus Sohn Joahas (König 818–802 v. Chr.) noch 10 000 Mann Fussvolk, 50 Reiter und 10 Streitwagen vom ganzen Heer übrig geblieben.

---

85 Vgl. K. Galling, *Textbuch zur Geschichte Israels*, S. 50f. Ironischerweise wird Jehu als König des «Hauses Omri» bezeichnet – offenbar war Israel für die damalige assyrische Diplomatie zu wenig wichtig, als dass der Dynastiewechsel wahrgenommen worden wäre.

86 Der Assyrer Salmanassar III. erschien nach 838 v. Chr. für längere Zeit nicht mehr im Westen, was offensichtlich den Aramäern unter König Hasaël Luft für eigene Kriegszüge verschaffte.

87 Im jetzigen deuteronomistischen Zusammenhang der Königebücher erscheinen die von einem namenlosen König handelnden Legenden als in die Zeit Ahabs gehörend. Nach allem, was wir aber sonst aus Inschriften und Grabungen wissen, ist eine Belagerung Samarias zu dieser Zeit nicht vorgekommen, wohl aber später. Es scheint, dass die deuteronomistischen Redaktoren die militärischen Niederlagen lieber der aus ihrer Sicht gottlosen Omridendynastie zuschrieben als dem gottesfürchtigen Jehu und seinen Nachfolgern.

Es erstaunt nicht, dass Israel unter diesen Voraussetzungen seine Besitzungen im Ostjordanland an die Aramäer und die ebenfalls erstarkten Moabiter[88] verlor. Dennoch erzählt 2Kön 13,4f.23–25 von Erfolgen des Joahas und des Joasch (802–787 v. Chr.) gegen die Aramäer. In diesem Zusammenhang ist wohl auch zu sehen, dass die Assyrer in den Jahren 805, 804, 802 und 796 v. Chr. vier grössere Feldzüge in den Westen unternahmen und 802 v. Chr. auch die aramäische Hauptstadt Damaskus belagerten. Offenbar ist der assyrische Druck auf die Aramäer auch in der Folgezeit stark geblieben oder nahm weiter zu, jedenfalls konnte König Jerobeam II. (787–747 v. Chr.) das Territorium Israels wieder vergrössern (2Kön 14,25). Aus den Funden der Samaria-*Ostraka* und einigen Ausgrabungen ebenso wie aus etlichen Äusserungen des Propheten Amos (Wirksamkeit um 760–750 v. Chr. unter Jerobeam II.) kann geschlossen werden, dass Israel in dieser Periode zu neuem Wohlstand gelangte. Nach dem Tod Jerobeams II. kam sein Sohn Secharja auf den Thron, doch wurde dieser bereits nach sechs Monaten vom Usurpator Schallum ermordet, der aber seinerseits nach nur einem Monat von Menachem ben Gadi weggeputscht wurde. Menachem regierte 747–738 v. Chr., offenbar in relativer Ruhe.

Die Geschichte des südlichen Königreiches Juda verlief anscheinend ruhiger, doch wurde auch Juda von den Aramäern angegriffen. Nach 2Kön 12,18f eroberte Hasaël von Damaskus die Küstenstadt Gat und wandte sich gegen Jerusalem, woraufhin König Joasch (840–801 v. Chr.) sich mit dem Tempel- und Palastschatz freikaufte.

Sein Sohn Amazja (801–773 v. Chr.) errang offenbar Gebietsgewinne im Süden gegen Edom (2Kön 14,7), doch wissen wir darüber nichts Genaues. Als Amazja das Opfer einer Palastrevolte wurde (2Kön 14,19–21), folgte ihm dank des Eingreifens des Landadels sein Sohn Usija nach, der 773–736 v. Chr. regierte. Als Zeitgenosse Jerobeams II. profitierte er von den Erfolgen des Nordreichs, und auch Juda erlebte eine wirtschaftliche Blütezeit.

---

88 Von den Erfolgen des Moabiterkönigs *Mescha* um 840 v. Chr. berichtet die sogenannte *Mescha-Stele*, die heute (teilweise als Rekonstruktion) im Louvre in Paris zu besichtigen ist. Zur Stele vgl. z. B. K. Smelik, *Historische Dokumente,* S. 31 ff.

Das Blatt sollte sich allerdings endgültig wenden, als 738 v. Chr.
der Assyrerkönig Tiglat-Pileser III. zu seinen grossen Feldzügen
nach Westen aufbrach. Nach Siegen der Assyrer in Syrien fanden
sich der Aramäerstaat von Damaskus wie auch Israel im weiteren
Einflussbereich des assyrischen Grossreichs wieder, und Menachem von Samaria musste offensichtlich grossen Tribut leisten
(2 Kön 15,19f). Um die geforderte Summe bezahlen zu können, «erfand» er das Instrument der Kopfsteuer.

2.2 Der syrisch-efraimitische Krieg und das Ende Israels

Im Jahre 734 v. Chr. brach Tiglat-Pileser III. zu einem weiteren
Feldzug in den Westen auf, der sich nun in der unmittelbaren Nähe
Israels und Judas abspielte. Offensichtlich aus Angst vor Tiglat-
Pileser versuchten der Aramäerkönig Rezin von Damaskus und Pekach, König von Israel (735–732 v. Chr.) eine neue Koalition gegen
die Assyrer zu bilden. Sie versuchten auch Juda unter König Ahas
(741–725 v. Chr.) in diese Koalition hineinzuziehen, doch widersetzte sich dieser einem Eintritt, wohl nicht zuletzt unter dem Eindruck der Vernichtung, die der assyrische Feldzug für die Gebiete
an der Mittelmeerküste bedeutet hatte.

Über die nun folgenden Ereignisse sind wir aus 2 Kön 15,29f.37;
16,5–9 sowie aus Abschnitten des Jesajabuchs (Jes 7,1–17; 8,1–15;
10,27b-34; 17,1–11) und des Hoseabuchs (Hos 5,1f; 5,8–6,6;
8,7–10) sowie Inschriften Tiglat-Pilesers III. gut unterrichtet.

Demnach versuchten Pekach und Rezin den sich widersetzenden
Ahas mit militärischer Gewalt in ihre antiassyrische Koalition hin-
einzuzwingen. Sie sammelten Truppen, um im Frühjahr 733 v. Chr.
gegen Jerusalem zu ziehen und einen gewissen Ben-Tabel auf den
Thron zu bringen.

Unter diesem Druck wandte sich Ahas – gegen alle Warnungen
des Propheten Jesaja – an den Assyrerkönig um Hilfe. Tiglat-Pileser
liess sich nicht lange bitten und sandte seine Truppen gegen Israel
und Damaskus. Grosse Teile Israels wurden nun unmittelbar zu assyrischen Provinzen (Magiddu, Gal'aza, Du'ru), es verblieb nur
mehr ein Rumpfstaat um Samaria im Gebirge Efraim. Der mit seiner Politik gescheiterte Pekach wurde 732 v. Chr. von Verschwörern
am eigenen Hof gestürzt und durch den assurfreundlichen Hoschea
ben Ela (731–723 v. Chr.) ersetzt. Nach Tributzahlungen wurde

Hoschea von den Assyrern als Vasallenkönig bestätigt.[89] Der Rest
Nordisraels war so zu einem abhängigen Königreich geworden.

Aber auch Juda unter Ahas war durch das Hilfeersuchen zu einem Vasallenstaat Assurs geworden, wenn auch noch mit etwas
mehr Freiheiten.

Während sich Ahas gegenüber den assyrischen Herren weitgehend ruhig verhielt, versuchte Hoschea 724 v. Chr. einen Aufstand gegen die Assyrer. Er stellte die Tributzahlungen ein und
nahm mit Ägypten Kontakt auf, um sich gegen die zwangsläufig
folgende Strafaktion abzusichern. Doch war Ägypten zu dieser
Zeit nicht geeint und so weder willens noch fähig, in den Konflikt
mit Assur einzutreten. So wurde Hoschea bald vom assyrischen
Heer gefangen genommen und die Hauptstadt Samaria zwei Jahre[90] belagert, bis sie 722 v. Chr. fiel (vgl. 2Kön 17,4–6). Ganz Israel
war nun assyrische Provinz, die Angehörigen der israelitischen
Mittel- und Oberschicht wurden deportiert und an ihrer Stelle Bewohner anderer assyrischer Provinzen angesiedelt.[91] (Im assyrischen Provinznamen *Samerina* – entsprechend der Stadt Samaria
als Hauptort – hat übrigens die Bezeichnung *Samerina* als Gebietsbezeichnung für einen Teil der Westbank ihren Ursprung.)

2.3 Juda unter assyrischer Oberherrschaft

Juda unter König Ahas hatte diese Ereignisse vordergründig unbeschadet überlebt, ja sogar noch einen kleinen Gebietsgewinn verbuchen können, und es wurde zur Zuflucht vieler Flüchtlinge aus
dem Norden, die sich vor den Kriegshandlungen oder der Deportation hatten retten können. Dennoch hatte Juda seine Unabhängigkeit verloren und war nun den Assyrern tributpflichtig, und es ist
durchaus wahrscheinlich, dass Assur Einfluss auf das wirtschaftliche wie auch religiöse Leben Judas nahm. So wird etwa in 2Kön

---

89 Gemäss Inschriften Tiglat-Pilesers III. bezahlte Hoschea im Jahre 731 v. Chr.
    Tribut an die Assyrer.
90 Der biblische Text nennt drei Jahre, doch sind damit nach der üblichen Zählweise nicht drei volle Kalenderjahre gemeint. Man zählt vielmehr die Kalenderjahre mit, in die Anfang (724) und Ende (722) der Belagerung fallen.
91 Dies haben die Assyrer offenbar in den meisten unterworfenen Gebieten so
    praktiziert, um neue Aufstände möglichst zu verhindern. In dieser Umsiedlungsaktion wurzeln übrigens die Legende von den zehn verlorenen Stämmen
    Israels sowie die spätere Geringschätzung der Samaritaner.

16,10ff berichtet, dass Ahas einen neuen Altar für den Tempel nach dem Vorbild eines (wohl assyrischen) Altars in Damaskus anfertigen liess.

Ahas' Nachfolger Hiskija (725–697 v. Chr.) hatte die Niederlage Israels als junger König mit angesehen sowie das gewaltsame Durchgreifen der Assyrer gegen Aufstände in der philistäischen Küstenebene beobachtet und verhielt sich lange ruhig. Er scheint aber sehr wohl auf die Festigung und Stärkung seines Königreiches bedacht gewesen zu sein. Nach 2 Kön 20,20 und 2 Chr 32,30 kümmerte sich Hiskija besonders um die Wasserversorgung Jerusalems und versuchte, sein Heer ebenso wie die verschiedenen Befestigungsanlagen auszubauen.[92] Er sah sich zudem mit dem Zustrom von Flüchtlingen aus dem Norden vor die Aufgabe gestellt, diesen Menschen nicht nur sichere Unterkunft, sondern auch eine wirtschaftliche Existenz zu gewährleisten. Dies gelang offenbar, denn die Stadt Jerusalem ist gerade in dieser Zeit deutlich gewachsen, und man darf annehmen, dass die Zerstörungen in Israel auch viele Konkurrenten der Jerusalemer Handwerker und Händler ausgeschaltet hatten.

Als allerdings 705 v. Chr. der assyrische Grosskönig Sargon II. starb, trat Hiskija als einer der Rädelsführer einer antiassyrischen Koalition in Palästina auf. Auf einen Schlag stellten die Verbündeten die Tributzahlungen an Assur ein und knüpften zudem diplomatische Kontakte bis nach Ägypten und Babylonien. Das Unternehmen schien gut vorbereitet und Erfolg versprechend, denn der assyrische Thronfolger Sanherib hatte mit Schwierigkeiten an der Nord- und Ostgrenze seines Reiches zu kämpfen, und in Babylonien war es schon früher zu Aufständen gegen die Assyrer gekommen.

Wir wissen aus dem Jesajabuch, dass Jesaja sich heftig gegen diese Politik Hiskijas wandte und das Unternehmen als verfehlt betrachtete. Jes 31,1.3 etwa wirft er der politischen Führungsschicht vor, sie würden auf Rosse und Wagen wie auch auf die Ägypter vertrauen, nicht aber auf Jahwe.

Es kam schliesslich, wie es kommen musste: Nachdem Sanherib im Osten seines Reiches für Ruhe gesorgt hatte, erschien er 701

---

92 Dies wird auch durch den Fund des Hiskija-Tunnels, der das Wasser der Gihon-Quelle unter der Davidsstadt hindurch in den oberen Schiloach-Teich leitet und die im Tunnel angebrachte Inschrift über den Bau des Tunnels mit der Nennung Hiskijas als Bauherrn bestätigt (vgl. die Publikation bei K. Smelik, *Historische Dokumente*, S. 62ff.).

v. Chr. in Syrien und Palästina. Zunächst eroberte er die aufständischen Philisterstädte an der Küste und sicherte die Grenze zu Ägypten, dann wandte er sich gegen Juda. Schnell hatte er die meisten Dörfer und Städte erobert, nur Lachisch und Libna konnten eine gewisse Zeit Widerstand leisten. Die Eroberung von Lachisch ist übrigens in den berühmten grossen Reliefbildern aus Sanheribs Palast in Ninive festgehalten. Anschliessend belagerte Sanherib Jerusalem, das dank der Sicherungsmassnahmen Hiskijas länger standhalten konnte.

Die Bibel bietet über den Fortgang der Ereignisse zwei verschiedene Darstellungen: Einerseits wird in 2Kön 19,35f gesagt, der Engel des Herrn habe im assyrischen Heerlager 185 000 Mann erschlagen, 2Kön 18,13–16 wird andererseits von der freiwilligen Unterwerfung Hiskijas und dem schweren Tribut berichtet, den er zu entrichten hatte – sogar Gold von den Tempeltüren und Pfeilern musste offenbar abgeliefert werden. Diese zweite Darstellung deckt sich mit den Inschriften Sanheribs, der in seinem Feldzugsbericht[93] davon spricht, dass er Hiskija wie einen Käfigvogel in seiner Residenz eingeschlossen habe. Nebst 30 Talenten Gold und 800 Talenten Silber musste Hiskija offenbar seine Söldner und Hilfstruppen, allerlei andere Wertgegenstände sowie seine «Töchter, Palastdamen, Sängerinnen und Sänger» nach Ninive senden.

Sanherib trennte sodann die Landschaft Juda zum grössten Teil von Hiskijas Königreich ab, so dass nur noch die unmittelbare Umgebung Jerusalems in dessen Hand blieb. Es scheint aber, dass diese Massnahme später von der assyrischen Verwaltung wieder aufgehoben wurde. Fortan verhielt sich Hiskija als treuer Vasall Assurs, und auch sein Sohn Manasse (696–642 v. Chr.) versuchte keinen Aufstand mehr. Der gescheiterte Aufstand Hiskijas und die von Sanherib angerichteten Zerstörungen lasteten ohnehin schwer auf Juda, wie es etwa auch in Jes 1,7–9 zum Ausdruck kommt. Assur nahm offenbar auch verstärkt Einfluss auf die Religion Judas, wenn etwa über Manasse berichtet wird (2Kön 21,1ff), dass er im Tempel Altäre für das Himmelsheer (= die assyrischen Gottheiten) aufstellen liess. Zudem hat Manasse den Ruf, viel unschuldiges Blut vergossen zu haben (2Kön 21,16).

---

93 Abgedruckt bei K. Galling, *Textbuch zur Geschichte Israels*, S. 67–69.

Zu einer Veränderung der Situation kam es erst, als in der Regierungszeit Joschijas (639–609 v. Chr.) die Macht Assurs durch den Aufstand der Babylonier geschwächt und schliesslich 612 v. Chr. mit dem Fall Ninives gebrochen wurde.

2.4 Joschija und seine Reform

Nach der langen Regierungszeit Manasses war dessen Sohn Amon auf den Thron gekommen, doch wurde er nach kurzer Regierungszeit (641–640 v. Chr.) das Opfer einer Palastrevolte (2Kön 21,19ff). Der Landadel brachte nun den achtjährigen Prinzen Joschija auf den Thron (2Kön 22,1ff), dem natürlich zunächst ein nicht genannter Regent zur Seite stand.

Nach 2Kön 22,3ff soll im 18. Regierungsjahr Joschijas (= 622 v. Chr.) im Tempel ein Gesetzbuch gefunden worden sein, das den Anstoss für die Reform Joschijas gab: Im Tempel wurden alle nicht der Jahwe-Religion zugehörigen Kultgegenstände, Bilder und Altäre zerstört, ebenso in der Stadt Jerusalem wie auch in weiteren Städten Judas. Und nach 2Kön 23,15ff griff Joschija auch auf das Gebiet der assyrischen Provinz Samerina, das frühere Israel, über und zerstörte dort das Heiligtum von Bet-El. Nach 2Kön 23,19ff soll Joschija sogar alle Heiligtümer im ehemaligen Israel zerstört haben. Ziel der Reform war offenbar die alleinige Verehrung Jahwes und dies einzig im Tempel von Jerusalem.

Diese Reform entspricht in vielem ausdrücklichen Forderungen des Deuteronomiums, das immer wieder einen einzigen Kultort voraussetzt. Man nimmt daher an, dass es sich bei dem im Tempel gefundenen Gesetzbuch um eine erste Fassung des Deuteronomiums handelte. Über das Alter und die Herkunft dieser Grundschrift gibt es verschiedene Vermutungen, seine Berührungen mit dem Gedankengut des Propheten Hosea lassen vermuten, dass der Kern dieses Deuteronomiums auf Überlieferungen zurückgeht, die Flüchtlinge aus Nordisrael nach Jerusalem gebracht hatten. Nun, nachdem das Königreich Israel der Vergangenheit angehörte und die assyrische Macht im Schwinden begriffen war,[94] konnte das

---

94 626 v. Chr. hatte Babylonien unter König Nabopolassar die Unabhängigkeit errungen, 623 v. Chr. gingen die Meder gegen Ninive vor, 612 v. Chr. fiel Ninive unter dem vereinten Ansturm der Meder und Babylonier.

Programm des Deuteronomiums verwirklicht und eine Restauration Judas und des Jahwe-Kultes in Jerusalem verwirklicht werden. Die Beseitigung der verschiedenen Fremdgötteraltäre im Tempel hatte ja neben der religiösen auch die politische Dimension, assyrische Herrschaftssymbole zu entfernen.

Es schien, dass Joschija eine grosse Zukunft Judas, ja vielleicht sogar eine Wiederherstellung eines vereinten Juda und Israel bewirken könnte, indem er offensichtlich auch sein Herrschaftsgebiet nach Norden ausweitete. Doch stiessen auch die Ägypter in das nach dem Untergang Assurs entstandene Machtvakuum in Palästina vor. In der richtigen Einschätzung, dass dies langfristig die Position Judas gefährden könnte, versuchte Joschija in der Schlacht von Meggido 609 v. Chr., den Vormarsch der Ägypter entlang der Mittelmeerküste zu verhindern, doch war sein Heer dem ägyptischen unterlegen und der König selbst fiel in der Schlacht (2Kön 23,29f).[95] Damit waren die Hoffnungen auf ein neues grosses Königreich Juda erloschen, und bald schon sollten die Babylonier unter dem Feldherrn und Kronprinzen Nebukadnezar in Palästina erscheinen.

2.5 Soziale Veränderungen im Laufe der späteren Königszeit

Wie dieser Überblick über die Geschichte Israels und Judas zeigt, war die Bevölkerung vielfältigen Einflüssen ausgesetzt und immer wieder Opfer kriegerischer Auseinandersetzungen. Es fällt auf, dass gerade die Propheten dieser Epoche immer wieder von den «Armen» und «Elenden» sprechen, die von den Mächtigen und Reichen schlecht behandelt würden.

Offenbar hat es immer mehr Menschen gegeben, die nicht mehr als freie Bauern auf eigenem Land lebten, sondern als Tagelöhner für andere arbeiteten, während in den Städten eine wachsende Bevölkerungsschicht von Beamten, Händlern und Handwerkern das Bild bestimmte.

---

95   Die genauen Umstände des Tods von Joschija bleiben im Dunkeln. Nach 2Kön 23,29 tötete Pharao Necho Joschija «als er ihn sah», 2Chr 35,20–24 berichtet von Kampfhandlungen. In der Forschung ist folglich umstritten, ob es überhaupt zu einer Schlacht kam oder ob Joschija schon vor einer militärischen Auseinandersetzung unter anderen Umständen in die Hand des Pharao fiel.

Aus der mehr oder weniger egalitären Gesellschaft der Land-
nahmezeit war eine Gesellschaft entstanden, die in verschiedene
Schichten zerfiel. Was im Einzelfall die genauen Gründe dafür waren, lässt sich nicht sicher sagen, doch dürften mehrere Faktoren zu
berücksichtigen sein:

Zunächst muss davon ausgegangen werden, dass in der kargen
Landschaft Palästinas jedes Bevölkerungswachstum und die daraus
folgende Erbteilung der Bauerngüter zu einem existenziellen Problem werden konnte, weil der Ertrag der Landwirtschaft auf den
verbleibenden kleinen Flächen trotz zusätzlicher Arbeitskraft nicht
entsprechend zunahm. Zudem hat gewiss auch die Bildung der
staatlichen Infrastruktur verschiedene Ressourcen (wie zum Beispiel Krongüter) erfordert und der Bevölkerung Lasten in Form
von Frondiensten oder Steuern auferlegt, zugleich aber auch einer
neuen Schicht von Bediensteten des Königs eine Existenz gegeben.
Und schliesslich dürfte das im ganzen alten Orient verbreitete Zins-
system verheerende Folgen gehabt haben: Aus Papyri späterer Zeit
wissen wir, dass Zinssätze von 60 % pro Jahr üblich und legal waren, und es gibt keinerlei Hinweise darauf, dass dies um 700 v. Chr.
wesentlich anders gewesen wäre. Wenn ein Schuldner diese horren-
den Zinsen nicht mehr leisten konnte, haftete er zudem nicht nur
mit seinem Vermögen, sondern auch mit seiner Familie und seiner
eigenen Person: Als Schuldsklave hatte er seine Schulden jahrelang
abzutragen, allenfalls mussten auch Angehörige in die Sklaverei
verkauft werden. Die Möglichkeit eines Konkurses gab es nicht.
Dass dies viele Kleinbauern nach einer Missernte in die endgültige
Abhängigkeit ihrer Kreditgeber trieb, denen damit nicht nur das
Land, sondern auch die Arbeitskräfte zufielen, ist die logische Folge. Es entstand so eine Schicht landloser, von Grossgrundbesitzern
abhängiger und oftmals versklavter Menschen.

Die Propheten kritisierten diese Entwicklung und brandmark-
ten die gnadenlosen Praktiken der Kreditgeber als Unrecht, doch
wird man diesen zugestehen müssen, dass sie in der Regel die
Rechtsordnung einhielten, aber ihren Vorteil aus den herrschenden
Verhältnissen zu ziehen vermochten.

Nicht zu vergessen sind auch die Folgen der kriegerischen Auseinandersetzungen und die Tributforderungen der Assyrer: Es war
gängige altorientalische Kriegspraxis, Felder, Weinberge und Oli-
venplantagen zu verwüsten, so dass nach dem Durchzug eines

feindlichen Heers die Erträge für längere Zeit vernichtet oder empfindlich geschmälert waren. Und es war ebenso gängige Praxis, mit Tributzahlungen Vermögenswerte der Besiegten einzufordern und aus unterworfenen Gebieten mit wiederkehrenden Tributen finanziellen Nutzen zu ziehen. Auch dies dürfte zur Verarmung in Israel und Juda beigetragen haben.

Es ergibt sich so für die spätere Königszeit das Bild einer Gesellschaft, die trotz wirtschaftlicher Blüte, etwa im Samaria Jerobeams II., mit einer wachsenden Zahl von armen Menschen konfrontiert war. Die geltende Rechts- und Gesellschaftsordnung brachte es zudem mit sich, dass die wenigen Reichen immer noch reicher wurden, während die Zahl der Armen stetig zunahm.

3. Religiöse Entwicklungen: Das Auftreten der Propheten und die Forderung der alleinigen Jahweverehrung

3.1. Die Propheten

In der Bibel gibt es Aufzeichnungen über das Wirken verschiedener Propheten. Schon in den Erzählungen über die Entstehung des Königtums und die ersten Könige treten Gottesmänner und Propheten auf, doch erfahren wir über deren Lebensverhältnisse relativ wenig. Es scheint Gestalten gegeben zu haben, die als wandernde «Gottesmänner» einzeln oder in Gruppen an verschiedenen Orten auftraten, wie Elija oder Elischa auch «Wunder» wirkten und manchmal Aussagen über die Zukunft machten. Die Erzählungen über Elija (1Kön 17–21) und Elischa (2Kön 1–8) bieten da anschauliches Material, über dessen Historizität man durchaus geteilter Meinung sein kann.

Ebenfalls scheint es Propheten gegeben zu haben, die an Heiligtümern bei Kulthandlungen mitwirkten und dabei Orakelaussagen oder dergleichen machten. Die in der späteren Königszeit auftretenden Propheten, die man wegen der in ihrem Wirken wurzelnden Prophetenbücher oft auch «Schriftpropheten» nennt, vertreten aber eine andere Art von Prophetie. Nach den Überlieferungen zu schliessen, sind sie meist Angehörige gehobener sozialer Schichten und leben nicht von ihrem prophetischen Wirken. Amos beispielsweise war von Beruf Maulbeerfeigenzüchter und distanzierte sich davon, ein «Berufsprophet» zu sein (Am 7,14), und Jesaja hatte offensichtlich unmittelbaren Zugang zu den Spitzen des Staates und zum Tempel. Dies zeigt, dass er selbst diesen Bevölkerungsschichten angehört haben dürfte. Die nachfolgende Tabelle gibt einen knappen Überblick über die Schriftpropheten der späteren Königszeit:

Name	Wirksamkeit	Stichwörter
Amos	ca. 760–750 v. Chr.	War Judäer, wirkte aber im Nordreich und klagte besonders soziale Ungerechtigkeiten an
Hosea	ca. 750–725 v. Chr.	War Israelit, klagte besonders Fremdkulte an, kritisierte die Missachtung der Liebe Jahwes, die leichtfertige Königsmacherei und die Bündnispolitik
Jesaja	ca. 736–700 v. Chr.	War Judäer, Angehöriger der Oberschicht, klagte soziale Ungerechtigkeit, Fremdgötterei und politisches Fehlverhalten an. Wandte sich direkt gegen die Bündnispolitik der Könige
Micha	ca. 725–701 v. Chr.	War Judäer, klagte soziales Unrecht und Fremdgötterei an
Zefanja	ca. 630 v. Chr.	Kämpft gegen Aberglauben und Fremdgötterei der Jerusalemer, kündigt den Tag des Herrn als Tag des Zorngerichts an
Nahum	vor 612 v. Chr.	Kultprophet, kündigt den Fall Ninives an
Habakuk	ca. 626–612 v. Chr.	Kündigt den Chaldäer (Babylonier) als Gericht über die Gottlosen (Assyrer) an
Jeremia	ca. 626–587 v. Chr.	Klagt in einer ersten Wirksamkeitsperiode Fremdgötterei an, in einer zweiten soziales Unrecht und verfehlte Politik, kündigt babylonische Gefangenschaft an

Jede einzelne dieser Prophetengestalten hat ihre Botschaft in je charakteristischer Weise verkündigt und auch verschiedene Akzente gesetzt. Es lohnt sich, die jeweiligen Prophetenbücher vor dem Hintergrund ihrer Zeit genauer zu lesen, auch wenn sie zum grössten Teil erst nach dem unmittelbaren mündlichen Wirken der Propheten entstanden sind.

Eine Gemeinsamkeit der meisten Schriftpropheten ist, dass sie Missstände in Gesellschaft und Politik Israels und Judas anklagen und zugleich eine ausschliesslich auf Jahwe bezogene Religion vertreten. Sie üben immer wieder auch Kritik an einer auf den Opferkult fixierten Religion, die nicht mit dem konkreten Handeln der Menschen in Übereinstimmung steht: Was sollen Opfer nützen, wenn zugleich Unrecht geschieht? Und was sollen Opfer nützen, wenn die Spitzen des Staates vom Unrecht profitieren und sich in die Machtspiele der internationalen Politik einmischen, ihren Gott aber vergessen?

3.2 Die assyrische Krise der Jahwe-Religion

Unter dem Einfluss der assyrischen Oberhoheit erfuhr auch die Jahwe-Religion Israels und Judas, wie sie sich um etwa 750 v. Chr. präsentierte, eine eigentliche Krise. Aus dem Reformbericht Joschijas 2Kön 23 lässt sich entnehmen, welche Kultgegenstände assyrischer Gottheiten in Jerusalem entfernt wurden, dort also während einer gewissen Zeit vorhanden gewesen waren. Die assyrische Religion kannte viele Gottheiten, die als Gestirne verehrt wurden, und zugleich verschiedenste Praktiken der Zukunftsdeutung (Omen, Leberschau, Astrologie etc.). Ob die assyrischen Herrscher unmittelbar eine Verehrung ihrer Gottheiten forderten oder ob es einfach ihrem kulturellen Einfluss zuzuschreiben war, dass assyrische Gottheiten auch in Israel verehrt wurden, ist unklar. Offensichtlich gewannen die assyrischen Kulte aber grossen Einfluss in Jerusalem und Juda. Es scheint, dass dadurch der Jahweglaube zeitweise in Bedrängnis geriet. Auch dagegen wandten sich die Propheten, und vielleicht ist es auch dieser assyrischen Krise zuzuschreiben, dass der Jahwe-Religion verpflichtete Kreise begannen, die alten Überlieferungen zusammenzustellen. Es scheint jedenfalls, dass mündliche Überlieferungen wie zum Beispiel die Josefsgeschichte Gen 37–50 in dieser Zeit schriftlich niedergelegt wurden. Im Sprüchebuch wird davon erzählt, dass die «Männer Hiskijas» Sprichworte gesammelt hätten (Spr 25,1), und auch das später von Joschijas Schreiber im Tempel aufgefundene Gesetzbuch muss in dieser assyrischen Zeit schriftlich formuliert worden sein. Auch weitere Teile der alttestamentlichen Gesetzgebung und erste Teile weiterer biblischer Schriften dürften in dieser Epoche verschriftlicht worden sein.[96]

3.3 Die joschijanische Reform: Allein Jahwe allein in Jerusalem

Die mit dem Schwinden des assyrischen Einflusses zu verbindende joschijanische Reform brachte eine deutliche Wandlung der Jahwe-Religion. Die Forderung «Jahwe allein!» wurde offenbar umgesetzt, die fremden Einflüsse zurückgedrängt und auch alte, noch in der kanaanäischen Religiosität wurzelnde Elemente israelitischer Frömmigkeit wie die Aschera-Verehrung und die Kulte auf den Kulthöhen wurden verdrängt. Zusätzlich verwirklichte Joschija die Forderung des Deuteronomiums, dass Jahwe nur an einem Ort im Land verehrt werden solle, indem ausser dem Tempel in Jerusalem alle anderen Heiligtümer und Kultorte zerstört wurden. Nicht zu übersehen ist, dass im Deuteronomium neben den kultischen Gesetzen auch eine Sozialgesetzgebung enthalten ist, die Vorschriften zum Schutz von Bedürftigen wie Armen, Witwen und Waisen[97] sowie zur Begrenzung der Schuldenlast enthält. Aufmerksamkeit verdient auch das sogenannte Kriegsgesetz, Dtn 20, das neben der Freistellung verschiedener Personenkreise vom Kriegsdienst auch erste Vorschriften über die Kriegsführung als solche enthält, die – gerade vor dem Hintergrund der assyrischen Kriegspraxis – Ansätze zu einer Humanisierung der Kriegsführung bieten.[98]

   Nach der Reform Joschijas begegnet uns so ein auf die alleinige Verehrung Jahwes bezogener Glaube, der – nicht zuletzt unter dem Einfluss der Schriftpropheten und des Deuteronomiums – eine

---

96 Zu denken ist etwa an das sogenannte Bundesbuch, die Sammlung der in Ex 20,22–23,19 enthaltenen Rechtssätze, das spätestens in dieser Zeit schriftlich festgelegt worden sein muss, sodann an den Grundbestand verschiedener Prophetenüberlieferungen und auch an Erzählungen etwa über Saul und David, die offenbar zur Zeit des babylonischen Exils bereits schriftlich vorlagen, auch wenn sich die Forschung über die genaue Datierung der einzelnen Schriften nicht einig ist.
97 Vgl. den Abschnitt Dtn 14,22–15,18, der nebst der Versorgung der Leviten, Witwen und Waisen auch den Schuldenerlass und die Freilassung der Schuldsklaven vorsieht.
98 Vgl. die Vorschrift Dtn 20,19f, den Baumbestand einer belagerten Stadt zu verschonen.

starke soziale Komponente erhalten hat. Einzuschränken ist allerdings, dass wir nicht wissen, inwiefern diese Feststellung auch für den Bereich der privaten und familiären Religiosität gilt. Wenn die Propheten Jeremia und Ezechiel wenige Jahre nach dem Tode Joschijas erneut die Anbetung der Himmelskönigin und andere Fremdgötterverehrung anklagen,[99] dann scheint die Wirkung der Reform Joschijas doch nur eine beschränkte gewesen zu sein. Dennoch hat sie gewiss für die Zukunft des biblischen Glaubens entscheidende Weichen gestellt.

---

99 Vgl. Jer 7,16–20 oder Ez 8.

Gott oder die Götzen?

Krise und Umbruch im babylonischen Exil

1. Zur Überlieferung und zur Quellenlage

Über die letzten Tage des Königreichs Juda vom Tod Joschijas (609 v. Chr.) bis zum Untergang Jerusalems und über die Zeit des babylonischen Exils gibt es in der Bibel relativ wenige Erzählungen: Die Königebücher berichten im Abschnitt 2Kön 23,31–25,30 von den letzten Nachfolgern Joschijas und dem Untergang Jerusalems bis hin zur Ermordung des (judäischen) Statthalters Gedalja in den ersten Monaten der babylonischen Verwaltung.

Einige Informationen über die einzelnen Vorgänge finden sich auch im Jeremiabuch. Über die Lebensverhältnisse der nach Babylon deportierten Israeliten ebenso wie über die Situation der in Palästina verbliebenen Bevölkerungsteile lässt sich etwas aus den Bücher Ezechiel und Jesaja (Kapitel 40–55) bzw. aus den Klageliedern (Threni) entnehmen. Eine eigentliche Geschichtserzählung über die Jahre des babylonischen Exils gibt es aber nicht.

Die eine oder andere Information lässt sich zudem aus babylonischen Quellen gewinnen, ebenso wie archäologische Funde Hinweise auf die Situation im Land Palästina geben.

2. Die geschichtlichen Vorgänge

2.1 Vom Tode Joschijas bis zur Zerstörung Jerusalems

Nachdem Joschija 609 v. Chr. in der Schlacht bei Meggido gegen Pharao Necho gefallen und sein Leichnam nach Jerusalem zurückgebracht worden war, setzte der judäische Landadel einen seiner Söhne, Joahas als neuen König ein.[100] Dieser Joahas regierte aller-

---

100 Dieser Landadel griff mehrfach in die Geschicke des Königtums ein. Es ist nicht ganz klar, was die Hebräische Bibel mit dem Ausdruck *am ha'arez* (Volk des Landes) meint: Die Zürcher Bibel (2007) übersetzt mit «das Volk des Landes»

dings nur kurz, denn nach der Beendigung seines Feldzugs in Syrien griff der ägyptische Pharao Necho ein: Er liess Joahas gefangen nehmen und setzte an seiner Stelle Eljakim, einen anderen der Joschija-Söhne, als neuen König ein. Zugleich änderte der Pharao den Namen des Königs in Jojakim[101] und legte dem Lande Juda schweren Tribut auf. Nach 2 Kön 23,33–35 ging es um 100 Talente (ca. 3420 kg) Silber und 10 Talente Gold (ca. 342 kg).[102]

Jojakim blieb nichts anderes übrig, als diese für die damaligen Verhältnisse wohl gewaltige Summe als Steuer beim Volk einzutreiben, wobei er sich offenbar nicht einer Kopfsteuer, sondern einer proportionalen Belastung gemäss Vermögen bediente.

Damit war Juda nun in die Abhängigkeit von Ägypten geraten, und alle Hoffnungen, die sich mit dem Werk Joschijas verbunden haben mögen, waren zerschlagen. Die dadurch aufgeworfenen religiösen Fragen formulierte beispielsweise Jeremia in Jer 4,10: *Ach Herr Jahwe, wahrlich, bitter getäuscht hast du dieses Volk und Jerusalem: Frieden werdet ihr haben! – Wir aber haben das Schwert an der Kehle.*

Nach den verschiedenen Klagen Jeremias ist anzunehmen, dass die Reform Joschijas nicht weitergeführt wurde: Die Ansätze von sozialen Reformen scheinen in Vergessenheit geraten zu sein, denn Jeremia beklagt erneut den ungerechten Umgang mit armen und schwachen Menschen. Auch die Alleinverehrung Jahwes wurde offenbar in Frage gestellt, denn bald schon spricht Jeremia wieder

---

(1931: «Landvolk»), doch handelt es sich bei diesem Personenkreis kaum um die gesamte auf dem Lande wohnhafte Bevölkerung. Es scheint sich eher um einen Kreis vornehmer, Grund besitzender Bauern zu handeln, der in Jerusalem bei Hofe grossen Einfluss hatte. Ich spreche darum von «Landadel», um zum Ausdruck zu bringen, dass ein besonderer Personenkreis gemeint ist.

101 Die Umbenennung ist als Ausdruck der Macht des überlegenen Königs zu verstehen: Wer dem anderen den Namen gibt, bestimmt letztlich auch über dessen Identität.

102 Da genaue Angaben zu Wirtschaftskraft und Vermögenslage in damaliger Zeit fehlen, ist es schwierig die effektive Belastung der Bevölkerung zu errechnen. B. S. J. Isserlin, *Das Volk der Bibel*, S. 87 nennt Schätzungen für die Bevölkerungszahl Judas um 734 v. Chr. von ca. 110 000 Menschen. Auch wenn diese Zahl etwas zu pessimistisch sein dürfte und nach dem Untergang des Nordreiches viele Menschen im Süden Zuflucht suchten und fanden, wird man wohl für die Zeit Jojakims kaum mit viel mehr als 200 000 Menschen rechnen dürfen.

von der Verehrung fremder Götter durch Israel (z. B. Jer 7,16ff; 10; 11,10; 23,6 und weitere).

Die Situation wurde bald auch durch das Auftreten der Babylonier, vor denen Jeremia mehrfach als dem «Feind aus dem Norden» warnte, verschärft: Der babylonische Grosskönig Nabopolassar (625–605 v. Chr.) machte sich nach seinem Sieg über das assyrische Reich zielstrebig daran, das durch den Niedergang Assurs entstandene Machtvakuum zu füllen. Zunächst wandte er sich mit seinen Truppen nach Osten und Norden, bis er 606 v. Chr. die an den Euphrat vorgerückten Ägypter bei Karkemisch angriff. Der erste Vorstoss blieb stecken, der zweite im Jahre 605 v. Chr. unter dem Kommando des Kronprinzen Nebukadnezzar hatte Erfolg: Die ägyptischen Truppen wurden aufgerieben und bald schon dominierte Nebukadnezzar den Raum Syrien-Palästina.[103] Jojakim musste sich Nebukadnezzar als dem neuen Herrn unterwerfen.

Nach drei Jahren allerdings, wohl durch das Scheitern des babylonischen Angriffes auf Ägypten (601/600 v. Chr.)[104] ermutigt, kündigte Jojakim das Vasallentum auf und versuchte einen Aufstand. Die babylonische Strafaktion folgte mit einer kurzen Verzögerung: 598 v. Chr. nahmen babylonische Truppen die Belagerung Jerusalems auf, währen derer Jojakim offenbar eines natürlichen Todes starb. Sein Sohn, König Jojachin, öffnete nach drei Monaten die Stadt und verhinderte damit ihre Zerstörung.

Die Babylonier marschierten um die Jahreswende 598/597 v. Chr. in Jerusalem ein und bestraften die Aufrührer: Der Tempel in Jerusalem wurde geplündert und all seine Kostbarkeiten wurden nach Babylon gesandt, die obersten Zehntausend der Bevölkerung einschliesslich des Königs deportiert.[105] Die Gefangenen wurden

---

103 Die Feldzugsberichte Nebukadnezzars aus den Jahren 607–598 v. Chr. sind bei K. Galling, *Textbuch zur Geschichte Israels*, S. 72ff abgedruckt.

104 Die exakte Chronologie ist hier nicht ganz klar, zumal die babylonischen Chroniken in den Jahren bis 598 v. Chr. nichts über Juda verlauten lassen. Es scheint, dass Nebukadnezzar nach seinem Sieg über Ägypten am Orontes (605 v. Chr.) zunächst eine gewisse Zeit benötigte, um die Verhältnisse in Syrien und Palästina zu klären. Juda dürfte also wohl nicht sofort zum babylonischen Vasallenstaat geworden sein. Die biblische Angabe von drei Jahren des Vasallentums spricht dafür, dass Nebukadnezzar erst um 603 v. Chr. formell zum Oberherrn über Juda wurde.

105 2Kön 24,14. Die deutsche Redensart von den «oberen Zehntausend» stammt übrigens aus Martin Luthers Übersetzung ebendieser Stelle!

allerdings nicht in den Kerker geworfen, sondern in der Nähe der
Hauptstadt Babylon in Kolonien angesiedelt.

Nebukadnezzar setzte einen Onkel Jojachins, Mattanja als König in Jerusalem ein und gab ihm den Namen Zidkija. Zidkija gewann bei der im Lande verbliebenen Bevölkerung allerdings kaum
wirkliche Autorität, und für viele im Exil galt weiterhin der depor-
tierte Jojachin als der legitime König.[106] Neben Zidkija rückten
nun schnell weitere Personenkreise an die Spitzen des Staats vor,
die die durch die Deportationen frei gewordenen Plätze einnah-
men. Nicht alle scheinen für die Anforderungen dieser Ämter ge-
rüstet gewesen zu sein, und viele versuchten gemäss den Schilderungen bei Jeremia auch primär, schnell ihr eigenes Schäflein ins
Trockene zu bringen.

Zidkija war also eine relativ schwache Figur, nach den Berichten im Jeremiabuch dem Einfluss verschiedenster Parteien ausgelie-
fert.[107] Die sozialen Verhältnisse verschlechterten sich zusehends,
und auch im Kult fand die Verehrung fremder – z. T. gewiss auch
babylonischer – Gottheiten wieder Eingang. Eine eindrückliche
Schilderung dieser Verhältnisse bietet die Vision des Propheten
Ezechiel, die in Ez 8 festgehalten ist.

Um 590 v. Chr. entschied sich Zidkija auf Rat seiner Beamten
und gegen den heftigen Protest des Propheten Jeremia (vgl. Jer
37–38) zum Aufstand gegen Babylon. Nebukadnezzar nahm die
Herausforderung an und erschien persönlich mit seiner Armee vor
Jerusalem. Schnell wurde das Umland mit seinen Dörfern und
Städten erobert[108] und der Belagerungsring um Jerusalem geschlossen. Nach anderthalb Jahren der Belagerung wurde die Stadt
am 29.7.587 v. Chr. von Nebukadnezzar erobert.

---

106 Nach Jer 28,1–4 hofften viele auf die Rückkehr Jojachins, und nach Ez 1,2;
    8,1; 20,1; 24,1; 33,21 datierten die in Babylonien ansässigen Judäer weiterhin
    nach den Regierungsjahren des gefangenen Königs.
107 Vgl. Jer 38,22.
108 Berührendes Zeugnis dieser Tage sind die sogenannten Lachisch-*Ostraka*
    (Publikation bei K. Galling, *Textbuch zur Geschichte Israels*, S. 75ff), die Mel-
    dungen judäischer Militärposten enthalten. In *Ostrakon* Nr. 4 können wir
    etwa lesen, dass der offenbar in einem Vorposten von Lachisch stationierte Ab-
    sender des Briefs zwar noch die Signale von Lachisch sehen könne, in einer an-
    deren Ortschaft aber kein Mensch mehr sei und die Signalverbindung nach
    Azeka unterbrochen sei. Der babylonische Vormarsch war in vollem Gange …

Die Zeit der Belagerung war offensichtlich von heftigen inneren Disputen zwischen den Gruppen geprägt, die den Aufstand gegen Babylon entweder befürworteten oder ablehnten, erst recht als Nebukadnezzar die Belagerung wegen des Aufmarsches einer ägyptischen Truppe kurz unterbrechen musste. Für viele galt diese Belagerungspause als Bestätigung der alten Überzeugung, dass der Zion uneinnehmbar sei, und man brandmarkte die Untergangsankündigungen Jeremias als Feindpropaganda.[109] Offenbar wusste Nebukadnezzar um diese inneren Auseinandersetzungen, denn vor der Plünderung und Zerstörung Jerusalems wurden die Anhänger des Aufstands und der König Zidkija gefangen genommen und entweder hingerichtet oder ebenfalls nach Babylon deportiert (vgl. 2Kön 25), eine andere Gruppe, unter anderen auch der Prophet Jeremia, aber durfte im Land bleiben und es wurde mit Gedalja in der Stadt Mizpa sogar ein Statthalter judäischer Abstammung eingesetzt.[110] Allerdings wurde dieser Gedalja kurz darauf von einer militanten Widerstandsgruppe umgebracht, worauf die noch im Lande verbliebenen Reste der früheren städtischen Oberschicht nach Ägypten flohen, darunter gegen seinen Willen auch der Prophet Jeremia.[111]

2.2. Die Zeit der babylonischen Herrschaft und des Exils

Über die damit angebrochene sogenannte Exilszeit wissen wir nur wenig Konkretes. Offensichtlich wurde das einst in Juda und Jerusalem ansässige Volk in mehrere Gruppen aufgeteilt, die sich an verschiedenen Orten befanden: Die spätere jüdische Diaspora nahm ihren Anfang. Man kann dabei drei grosse Gruppen unterscheiden:

Zunächst gab es die Gruppe der immer noch im Land Juda ansässigen Menschen, zumeist wohl Teile der Landbevölkerung oder jene Städter, die sozusagen in letzter Sekunde noch die Stadt Jerusalem hatten verlassen können. Über die genaue Situation im Land

---

109 Es scheint, dass die Legende vom Engel Jahwes (2Kön 19), der Sanheribs Heer bei der Belagerung von 701 v. Chr. geschlagen habe, in diesen politischen Zusammenhang von 588 v. Chr. gehören könnte.

110 Vgl. 2Kön 25,22ff. Gedalja scheint ein Enkel des Schreibers Schafan gewesen zu sein, der unter König Joschija das Gesetzbuch im Tempel gefunden hatte (2Kön 22).

111 Vgl. die Schilderung der Vorgänge in Jer 40–44.

Juda gibt es keine Aufzeichnungen, einiges lasst sich aus den Klagen der Klagelieder entnehmen. Demnach gab es im Lande keine wirksamen staatlichen Strukturen mehr, die babylonischen Herrscher übten nur eine lockere Aufsicht über jenes Gebiet am entlegenen südwestlichen Rand ihres Reichs aus. Dafür versuchten offenbar Nachbarvölker Teile des scheinbar herrenlosen Gebiets zu besetzen und auch Räuberei dürfte vorgekommen sein.[112] Dennoch zeigen die archäologischen Funde, dass die wirtschaftliche Situation der Landbevölkerung sich verhältnismässig schnell wieder auf einem relativ bescheidenen Niveau stabilisierte.

Zum zweiten gab es die Flüchtlingsgruppen, die das Land Juda verliessen und entweder in Ägypten oder in anderen Nachbarstaaten Zuflucht gesucht hatten. Über die meisten dieser Menschen wissen wir kaum etwas Näheres.

Die dritte Gruppe ist die bekannteste und auch jene, die wohl auf das spätere Selbstbewusstsein Israels und des Judentums den grössten Einfluss hatte: Die Gruppe der nach Babylon Deportierten. Bei den beiden Deportationen von 597 v. Chr. und 587 v. Chr. dürften vor allem Angehörige der Oberschicht, der Priester- und Beamtenschaft aus Juda hinweggeführt worden sein, die nun in Kolonien in der Nähe Babylons lebten. Nach den Schilderungen im Buch Ezechiel und in Jes 40–55 lebten die Menschen durchaus frei, aber natürlich fern ihrer Heimat. Wie sie ihren Lebensunterhalt genau verdienten, geht aus den Texten nicht hervor. Nach Jer 29 konnten die Exilierten Häuser bauen, Pflanzungen anlegen und Handel treiben. Aus den Archiven des babylonischen Bankhauses *muraschu* in Nippur geht für die Zeit um 450 v. Chr. hervor, dass Geschäftspartner mit jüdischen Namen genannt werden. Wenigstens die Nachfahren der ersten Exilierten hatten also durchaus normale wirtschaftliche Wurzeln im Zweistromland schlagen können. Die babylonische Gefangenschaft war demnach nicht primär eine Zeit der Sklaverei,[113] sondern eine Zeit des Heimatverlusts und letztlich auch eine Zeit der drängenden religiösen Fragen. Wenn Psalm 137 vom Weinen an den Strömen Babels erzählt, geht es

---

112 Vgl. die Schilderung Klgl 5.

113 Was nicht ausschliesst, dass die neuen Lebensbedingungen vielen Angehörigen der früheren Oberschicht als mühsame Plackerei vorkamen und als eine Art Sklaverei empfunden wurden.

denn auch primär um den Verlust Jerusalems als des religiösen und kulturellen Zentrums.

3. Die religiöse Frage: Gott oder die Götzen?

Die drängende Glaubensfrage der Exilszeit liegt nach allem Gesagten also primär darin, wer denn der Gott Israels sei. Nach den Hoffnungen und Heilszusagen im Zusammenhang mit der Reform Joschijas musste es umso schwieriger zu ertragen sein, dass der eine und einzige Tempel Jahwes nun der Vernichtung preisgegeben war. Der einzige legitime Ort, einen Opferkult für Jahwe zu feiern, war ein Trümmerhaufen. Die Klagen der Klagelieder drücken dies ja auch aus.

Wie war das nun zu verstehen? Sollte es bedeuten, dass nicht Jahwe der wahre Gott Israels war? Oder sollte es bedeuten, dass die Götter der babylonischen Herrscher, deren Tempeltürme die im babylonischen Exil lebenden Judäer in der Ferne sahen, die überlegenen Gottheiten waren? Sollte man nun diesen Göttern Folge leisten, sich nicht nur den babylonischen Herrschern unterwerfen, sondern auch der babylonischen Kultur und Religion anschliessen?

Von der Auseinandersetzung mit diesen Fragen finden wir in grossen Teilen des Alten Testamentes Zeugnisse, und es erstaunt auch nicht, dass ein ansehnlicher Teil des Alten Testamentes gerade in dieser Krisenzeit Gestalt angenommen hat.

3.1. Die Niederlage als Strafe für die früheren Sünden

Die Gerichtsankündigung der Propheten in der späten Königszeit sollte sich zum Schlüssel dafür entwickeln, das Geschehen der Vernichtung und Deportation zu verstehen. Was die Propheten wie Amos, Hosea oder Jesaja als Strafe für die mannigfaltigen Verfehlungen des Volks und seiner Könige angekündigt hatten, schien sich nun bewahrheitet zu haben. Insbesondere unter den im Land Juda verbliebenen Menschen entstand aus der Beschäftigung mit den Überlieferungen aus der Königszeit das sogenannte deuteronomistische Geschichtswerk. Aus den noch vorhandenen Quellen und natürlich den mündlichen Überlieferungen wurde eine Geschichte Israels vom Landgewinn bis zum Landverlust geschrieben

und insbesondere das religiöse Fehlverhalten der Könige, sei es in
der Form der Verehrung fremder Gottheiten (schon bei Salomo
1Kön 11), sei es in der Form des Kults an illegitimen Orten (insbesondere der nordisraelitische Kult in Bet-El, die «Sünde Jerobeams» seit 1Kön 13) als Ursache der Katastrophen von 722 v. Chr.
und 587 v. Chr. begriffen. Wie bereits erwähnt, entstand das deuteronomistische Geschichtswerk in mehreren Schritten, wobei jede
Bearbeitung die ihr wichtigen Überlieferungen einbrachte bzw. be-
tonte. Den Bearbeitungen gemeinsam ist die Orientierung an den
Gesetzen des Deuteronomiums und die Überzeugung, dass Israel
sich den Untergang wegen mangelnder Beachtung ebendieser Gesetze selber zuzuschreiben habe.

In der Forschung wird oft und heftig darüber gestritten, ob das
Geschichtswerk für Israel überhaupt noch eine Zukunft sehe. Gewiss entwirft es im Gegensatz zu anderen Schriften aus der gleichen
Epoche kein konkretes Projekt für den Wiederaufbau Israels, aber
die Beschäftigung mit der Vergangenheit birgt doch auch die Möglichkeit einer Zukunft in sich. Denn eines ist für die Deuteronomisten sicher: Jahwe bleibt der Gott Israels.

In Babylonien entstand während der Zeit des Exils das Buch
des Propheten Ezechiel. Ezechiel wirkte nach 597 v. Chr. unter den
Deportierten und kündigte zunächst ebenfalls den Untergang Jerusalems als Strafe für die begangenen Sünden an. Er sieht in seinen
berühmten Visionen Ez 8ff die Herrlichkeit Gottes den Jerusalemer
Tempel verlassen. Ezechiel, der selbst aus einer priesterlichen Familie zu stammen scheint, stellt damit die strikte Verbindung Jahwes
mit dem Zion in Frage und eröffnet auch den Verbannten die Möglichkeit, Jahwe weiterhin als ihren Gott zu verstehen, auch wenn
sie am Tempelkult nicht teilnehmen können. Ezechiel deutet zudem
mehrfach die Möglichkeit einer Rückkehr nach Jerusalem an. In
Ez 40–48 findet sich sogar ein eigentlicher «Verfassungsentwurf»
für ein neues Israel nach der Rückkehr aus der Verbannung. Ob
dieser Verfassungsentwurf von Ezechiel selbst stammt, ist allerdings fraglich, es scheint wahrscheinlicher, dass er von einem Kreis
von Anhängern später entworfen wurde.

Ebenfalls aus dem Kreis der nach Babylonien deportierten
Priester dürfte zudem ein grosser Teil der fünf Mosebücher stammen. Seit dem Beginn der modernen Forschung am Alten Testament ist erkannt worden, dass im hebräischen Text der Mosebü-

cher verschiedene Quellen und Überlieferungen miteinander verbunden wurden.[114] Eine dieser Hauptquellen dürfte nun die sogenannte Priesterschrift sein, die später in der persischen Zeit mit
weiteren Texten zur endgültigen Tora verbunden wurde.[115] Sie
schlug einen Bogen von der Schöpfung (Gen 1) über die Sintflut-
erzählungen und die Vätererzählungen zum Auszug aus Ägypten
und zu der Gabe der Gesetze am Sinai bis hin zum bevorstehenden
Einzug ins gelobte Land.

Gerade das Beispiel der Schöpfungserzählung Gen 1–2,4a zeigt
die geschichtliche Situation des babylonischen Exils sehr schön: In
Analogie zu den babylonischen Mythen[116] wird das Schöpfungs-
handeln geschildert, sorgsam aber darauf geachtet, die babylonischen Gottheiten auszulassen: Beispielsweise spricht Gen 1 von
Sonne und Mond als dem grossen und dem kleinen Licht und ver-
meidet dabei geflissentlich das hebräische Wort *Schämäsch* für
Sonne, wohl um jede Assoziation zum babylonischen Sonnengott
Schamasch zu vermeiden. Letztlich wird so die Schöpfung allein
für Jahwe beansprucht und zugleich die Göttlichkeit der babylonischen Götter verneint. Dass die Geschichtserzählung der Priesterschrift offenbar am Ende der Wüstenwanderungszeit aufhört, ist
ein deutlicher Hinweis auf die Hoffnungen ihrer Verfasser: So wie
Jahwe sein Volk aus Ägypten befreite und durch die Wüste ins gelobte Land führte, so wird er auch jetzt wieder sein Volk aus der
Gefangenschaft befreien und ins gelobte Land heimführen. Die
Priesterschrift greift so auf die alten Traditionen Israels zurück und
schöpft daraus Hoffnung für die Zukunft.

---

114 Dieses Faktum zeigt sich sehr schön etwa an den sprachlich verschiedenen
    Doppelüberlieferungen von der Schöpfung (erster Bericht Gen 1–2,4a, ein
    zweiter Bericht in Gen 2,4bff) oder doppelt erzählten Begebenheiten in der
    Auszugserzählung des Exodusbuchs.
115 Die gegenwärtige Forschung ist sich uneins über die genauen Vorgänge der Ent-
    stehung der Mosebücher. Soweit ich sehe, werden heute überwiegend Modelle
    bevorzugt, die in der Priesterschrift sozusagen den Grundentwurf der Mosebü-
    cher sehen. Diese Grundschrift wäre dann später um verschiedene andere Texte
    erweitert worden. Das seit dem Ende des 19. Jahrhunderts bevorzugte Modell
    der Verknüpfung dreier vollständiger Quellen wird heute kaum mehr vertreten.
116 Der alte babylonische Schöpfungsmythos des *Enuma elisch* entspricht in vielem
    der Schöpfungserzählung von Gen 1. Dies zeigt, dass die israelitischen Verfasser
    von Gen 1–2,4a letztlich eine Gegendarstellung zur gängigen babylonischen
    Weltsicht gestalteten, um Jahwe als den wirklichen Schöpfer darzustellen.

3.2. Der Durchbruch zum Monotheismus bei Deuterojesaja

Ebenfalls im Kreis der nach Babylonien Verbannten wirkte jener
Prophet, dessen Worte und Wirken in Jesaja 40–55 aufgezeichnet
wurden. Man spricht darum in der Forschung von Deuterojesaja,
dem zweiten Jesaja. Er tritt mit der Trostbotschaft für sein Volk
auf (vgl. Jes 40) und verheisst die triumphale Rückkehr nach Jerusalem. Offenbar trat er damit in der zweiten Hälfte des Exils den
Zweifeln der exilierten Israeliten entgegen. In seiner Botschaft findet sich auch eine ausführliche Auseinandersetzung mit der Frage,
wer denn nun der wahre Gott sei. Er entlarvt die babylonischen
Gottheiten als Schnitzbilder und von Menschen gemachte Götzen
und beansprucht Jahwe nicht nur als Gott Israels, sondern als Gott
aller Völker und der ganzen Schöpfung (vgl. z. B. Jes 44). Damit
formuliert Deuterojesaja als erste Stimme im Alten Testament ex-
plizit den Monotheismus in dem Sinne, dass Jahwe der eine und
einzige Gott für die ganze Welt sei. Und nicht zuletzt von dieser
Voraussetzung her kann Deuterojesaja auch den persischen König
Kyros als «Gesalbten» Jahwes bezeichnen (Jes 45),[117] denn der
Schöpfer der Welt kann sich natürlich auch anderen Völkern und
Königen zuwenden.

Dass das Auftreten Deuterojesajas nicht von allen gerne gesehen wurde, zeigen die sogenannten Gottesknechtlieder (z. B.
Jes 42; 49; 53), die vom Leiden des Propheten berichten.[118] Diese
Gottesknechtlieder enthalten auch den Gedanken des stellvertre-
tenden Leidens (vgl. Jes 53) und wurden dadurch nach Tod und
Auferstehung Jesu für das junge Christentum zu Schlüsselstellen
für die Interpretation des Todes Jesu am Kreuz.

---

117 Wenn Deuterojesaja Elemente aus der Königsideologie etwa von Psalm 2, die
    einst dem Jerusalemer König galten, auf den fremden Herrscher bezieht, muss
    das für viele Israeliten eine eigentliche Ungeheuerlichkeit gewesen sein – und
    doch liegt es in der Logik des Monotheismus.
118 In der Forschung wird immer wieder diskutiert, wer der Gottesknecht genau
    sei. Es erscheint mir am wahrscheinlichsten, dass zunächst der Prophet ge-
    meint war, dessen Botschaft von vielen Israeliten bezweifelt und von den Baby-
    loniern gewiss mit Argwohn beobachtet wurde. Später konnte dieser Gedanke
    dann auf das Leiden des ganzen Volks Israel inmitten der Völkerwelt bezogen
    werden.

3.3. Die Hoffnung auf den Neuanfang

Die Auseinandersetzung mit der eigenen Geschichte und gerade auch mit dem eigenen Fehlverhalten in dieser Geschichte erlaubte es Israel, die Hoffnung auf einen Neuanfang nach der Zeit der Strafe offen zu halten. Die Krise des Glaubens in der Zeit des Untergangs wurde so zur Zeit der Neuformulierung dessen, was der Glaube Israels bedeutet. Es scheint vielleicht ein grosses Wort zu sein, aber durch den Verlust des Kults auf dem Zion wurden die Weichen gestellt, die zur monotheistischen Schriftreligion des späteren Judentums und auch des Christentums führten: Man musste während mehr als fünfzig Jahren seine Religion in der Beschäftigung mit den Überlieferungen, aber ohne Opferkult praktizieren.

Der in den Überlieferungen aus der Exilszeit breit verhandelte und im altorientalischen Kulturraum weit verbreitete Gedanke des Zusammenhangs von Schuld und Strafe mag uns heutigen Menschen zwar schwierig erscheinen, aber er erlaubte es den Verbannten wie den im Land Juda Verbliebenen, ihre Situation mit Gott in Zusammenhang zu bringen: Nicht Gott hatte Israel im Stich gelassen, sondern Israel hatte sein Schicksal selbst zu verantworten. Wenn Israel während der babylonischen Herrschaft vom strafenden Gott spricht, tut es dies nicht aus einer selbstgerechten Position heraus, sondern eben aus der Not des Bestraften, der nur auf eine Zukunft hoffen kann, wenn Gott sich ihm wieder gnädig zuwendet. An dieser Hoffnung hat Israel festgehalten und gerade dabei den biblischen Gott als den Gott der ganzen Welt benannt.

Die Zeit des zweiten Tempels

1. Zur Überlieferung und zur Quellenlage

Als der Perserkönig Kyros im Jahre 539 v. Chr. in Babylon einmarschierte, begann in der Welt des Vorderen Orients das Zeitalter der persischen Herrschaft. Nach den vielen Jahrzehnten der assyrischen und babylonischen Herrschaft über Syrien und Palästina fielen auch diese Gebiete gleichzeitig mit dem Untergang Babylons sozusagen kampflos an die Perser. Für die Israeliten bedeutete dies, dass die Zeit des babylonischen Exils zu Ende ging und man sich unter den neuen Herrschern zurechtfinden musste.

Obwohl grosse Teile des Alten Testaments wie etwa die Tora der fünf Mosebücher oder grosse Teile der Psalmen und der Prophetenbücher in der persischen Epoche redigiert und vollendet wurden, sind direkte Geschichtsüberlieferungen aus dieser Epoche nicht allzu zahlreich. Im Alten Testament finden sich an Geschichtserzählungen aus der Perserzeit primär die Bücher Esra und Nehemia. Eindrücke und theologische Fragestellungen aus der Perserzeit sind zudem in den Prophetenbüchern Haggai und Sacharja enthalten. Rückschlüsse auf die Verhältnisse der Perserzeit wird man wohl auch aus einzelnen Texten in den Mosebüchern, im Psalter und den weiteren Prophetenbüchern ziehen dürfen, die im Laufe der persischen Zeit ihre Endgestalt erreicht haben dürften.[119]

Auszüge aus offiziellen Texten der persischen Verwaltung sind dabei in den Büchern Esra und Nehemia enthalten. Punktuell sind sozusagen Primärquellen überliefert, auch wenn ihr historischer Zusammenhang nicht immer eindeutig ist und damit viele Fragen offen bleiben.

---

119 Nicht als Quelle für die Perserzeit kann allerdings das Esterbuch gelten. Seine Erzählung spielt zwar am persischen Hof, die Geschichte zeigt aber deutliche Züge der Situation eines Judentums in der Diaspora, das Verfolgungen zu gewärtigen hatte. Es spiegelt damit am ehesten die Situation in der hellenistischen Zeit der Diadochenreiche.

Auskunft über die allgemeinen Verhältnisse im Perserreich geben zudem vielerlei Funde von Verwaltungstexten, die sich allerdings nicht auf Judäa und das Volk Israel beziehen.

2. Die geschichtlichen Vorgänge

2.1 Das Edikt des Kyros und die Rückkehr aus der babylonischen Gefangenschaft

Relativ bald nachdem die babylonische Macht unter Nebukadnezzar ihren Höhepunkt erreicht hatte, begann sie auch schon wieder abzubröckeln. Einerseits scheinen Nebukadnezzars Nachfolger relativ schwache Herrschergestalten gewesen zu ein, andererseits kam es zu vielerlei inneren Schwierigkeiten, weil die verschiedenen babylonischen Städte und Heiligtümer miteinander konkurrierten und Differenzen zwischen Herrscherhaus und Priesterschaft aufbrachen, ganz besonders unter dem letzten babylonischen Grosskönig Nabonid (556–539 v. Chr.).[120]

In der Zwischenzeit waren im Osten die Perser unter Kyros II. (559–530 v. Chr.) zu einer Grossmacht geworden: Kyros hatte sowohl das medische Reich im Nordosten als auch das lydische Reich in Kleinasien unter seine Herrschaft gebracht und im babylonischen Stammland Freunde in der Priesterschaft für sich gewonnen, die eine eigentliche propersische Propaganda betrieben. So stand einem Vorstoss ins Zweistromland nichts mehr entgegen, Babylon fiel Kyros kampflos in die Hand. Als neuer Herrscher zog er 539 v. Chr. in die Stadt ein und trat das Erbe der babylonischen Herrschaft an. Gegenüber den unterworfenen Völkern schlugen die Perser eine andere Politik ein, als die früheren Grossreiche der Assyrer und Babylonier: Einerseits wurde eine strenge und straffe Verwaltung des Reichs installiert, die sich in die Einheiten der Sa-

---

120 Nabonid versuchte offenbar die babylonische Religion zu verändern, indem er besonders den Kult des Mondgottes *Schin* in Haran sowie des Sonnengottes *Schamasch* förderte, zu Lasten des Marduk-Kults in der Hauptstadt. Damit geriet er in Gegensatz zur Priesterschaft des Hauptgottes Marduk in Babylon. Da er sich zudem lange gar nicht in der Hauptstadt aufhielt und sich durch den verhassten Prinzen Belschazzar vertreten liess, war die systematische Schwächung seiner Herrschaft durch die Marduk-Priesterschaft ungehindert möglich.

trapien und Provinzen gliederte und sich über das ganze Reich er-
streckte, andererseits aber wurde die Kultur und Religion der einzelnen Ethnien gefördert.

Im Sinne dieser Politik ist es zu verstehen, dass Kyros – wohl
auf ein Ansuchen der exilierten Israeliten hin – im Jahre 538 v. Chr.
ein Edikt erliess, das die Rückführung der von Nebukadnezzar ge-
raubten Tempelgeräte und den Wiederaufbau des Tempels in Jerusalem anordnete. Ein Auszug aus diesem, in der aramäischen Ver-
waltungssprache des Perserreiches verfassten Edikt ist in Esra
6,3–5 wiedergegeben.[121] Demnach sollte sogar der persische Fis-
kus die Kosten des Wiederaufbaus tragen.

Aus dem Kontext Esra 4,6–6,18 lässt sich zudem erkennen,
dass ein Beamter namens Scheschbazzar die Tempelgeräte nach Jerusalem zurückbrachte, der Tempelbau selbst aber noch nicht in
Gang kam.

Ungefähr gleichzeitig scheint die Rückwanderung von Israeliten aus dem babylonischen Exil begonnen zu haben. Diese erfolgte
wohl kaum auf einen Schlag und in einem grossen Treck, sondern
nach und nach in kleineren Gruppen. Um diese Rückwanderung zu
steuern und all die Fragen der Einwanderung und Wohnsitznahme
in Jerusalem und Juda zu klären, entsandte die persische Verwaltung gegen 520 v. Chr. einen Beamten namens Serubbabel. Dieser
war selbst Israelit und stammte offenbar aus dem Davidsgeschlecht
(vgl. 1Chr 3,19), so dass einige in Juda in ihm bereits den kommenden neuen König sahen. Der um 520 v. Chr. in Jerusalem wirkende
Haggai proklamierte Serubbabel sogar als den Messias (Hag 2,23),
wobei hier noch kaum an eine endzeitliche Erlösergestalt gedacht
sein dürfte, sehr wohl aber an einen von Gott gesalbten König, der
sein Volk befreien und in eine bessere Zukunft führen würde.

Obwohl die wirtschaftlichen Verhältnisse für die Rückwanderer nicht einfach waren (vgl. Hag 1,5–11) und wohl auch vielerlei Konflikte mit den im Lande ansässigen Menschen entstanden,
gelang es Serubbabel, die Rückwanderung zu organisieren[122] und

---

121 In Esra 6 ist offenbar der Originaltext auszugsweise wiedergegeben. Der Bericht über das Kyrosedikt in Esra 1 bietet demgegenüber eine spätere Extra-
  polation des Verfassers der Esrabücher.
122 Eine Liste der Rückwanderer aus der Zeit Serubbabels findet sich in Esra 2 und
  Neh 7. Es ist nicht sicher, ob die Liste nur die Rückwanderer umfasst oder das
  Ergebnis der Rückwanderung festhält.

den effektiven Anfang des Tempelbaus zu machen. Die in dieser
Zeit auftretenden Propheten Haggai und Sacharja erklärten denn
auch den Tempelbau zur Grundlage der künftigen Existenz im
Land und setzten grosse Hoffnungen in Serubbabel als den kommenden König.

Das Geschehen in Jerusalem erweckte offensichtlich Argwohn
in der Provinzhauptstadt Samaria, der das Gebiet um Jerusalem
nach wie vor unterstellt war – erst recht als Serubbabel und die Ältesten Jerusalems ein samaritanisches Angebot zur Beteiligung am
Tempelbau ablehnten (vgl. Esra 4,1–5). Es scheint, dass die Provinzverwaltung in Samaria die Angelegenheit dem Satrapen Tatte-
nai vorlegte, der den Sachverhalt näher abklären liess (vgl. Esra
5,3–6,12). Die grosskönigliche Verwaltung stiess bei diesen Nach-
forschungen auf das Kyrosedikt, worauf König Darius I. den Tempelbau unmittelbar zur königlichen Angelegenheit machte (Esra
6,6–12), so dass die Provinzverwaltung in Samaria zum Tempelbau nichts mehr zu sagen hatte. Dank der königlichen Unterstützung konnte der Tempel 515 v. Chr. eingeweiht werden.

Interessant ist, dass in diesem Zusammenhang Serubbabel
nicht mehr in Erscheinung tritt. War er nach erfüllter Mission von
der persischen Verwaltung mit neuen Aufgaben betraut worden?
Oder hatten die ihm von Haggai und Sacharja zugedachten Mes-
sias-Titel den Argwohn der persischen Obrigkeit erweckt und einen vorzeitigen Abgang verursacht? Wir wissen es nicht.

2.2. Die Konsolidierung unter Nehemia und Esra

Mit dem Tempelbau war aber längst nicht der ganze Wiederaufbau
getan. Noch immer fehlte Jerusalem eine Stadtmauer, und die
Schilderungen des Propheten Maleachi (vgl. Mal 1f) zeigen eine
Gesellschaft, in der vieles im Unklaren und Unsteten war. Zaghafte
Versuche, Jerusalem wieder zu befestigen, wurden wohl nach 486
v. Chr. unternommen (vgl. Esra 4,6ff) und durch Interventionen
des Statthalters in Samaria zum Stillstand gebracht.[123]

---

123 Dies lässt sich aus der Schilderung in Esra 4 entnehmen, auch wenn der Verfas-
    ser des Esrabuchs offensichtlich die Namen verschiedener persischer Könige
    durcheinander bringt. Das Geschehen ist höchstwahrscheinlich nach der Regie-
    rungszeit von Darius I. anzusiedeln (vgl. zum Ganzen H. Donner, *Geschichte
    Israels 2*, S. 416ff).

In Neh 1 wird jedenfalls beklagt, dass die Mauern Jerusalems immer noch in Trümmern lägen. Der Israelit Nehemia, als Mundschenk einer der höchsten Beamten des Perserkönigs Artaxerxes[124], erwirkte offenbar seine Entsendung nach Jerusalem, um die Stadt zu befestigen und die Lage zu ordnen.

Es gelang Nehemia, mit grossköniglichen Vollmachten ausgestattet und mit Zähigkeit und Geschick, trotz etlicher Widerstände die Stadtmauer zu bauen und durch weitere Massnahmen für Sicherheit und Ordnung zu sorgen. Dazu gehörte auch ein allgemeiner Schuldenerlass (Neh 5,1–13). Offensichtlich waren viele Einwohner Jerusalems und Judas in grossen wirtschaftlichen Schwierigkeiten, so dass der Schuldenerlass einer grossen Notwendigkeit entsprach und auch durchsetzbar war. Dies erstaunt nicht weiter, wenn man bedenkt, dass der wirtschaftliche Wiederaufbau Jerusalems grosse Mittel verschlang und zugleich auch im Perserreich die Steuerlasten für die Bevölkerung hoch waren.

Es scheint zudem, dass Juda und Jerusalem unter Nehemia wieder aus der Provinz *Samerina* herausgelöst und als eigene Provinz dem Satrapen unterstellt wurden, denn Nehemia selbst wird in Neh 5,14f und 12,26 als «Statthalter» bezeichnet, und auch in den in Ägypten gefundenen Elephantine-Papyri ist für das Jahr 408 v. Chr. ein Statthalter von Juda bezeugt. Dies dürfte auch als Ausdruck des Wiederaufbaus und einer verbesserten wirtschaftlichen Situation zu verstehen sein.

Nach den biblischen Überlieferungen versuchte Nehemia zudem, durch Massnahmen zur Versorgung der Leviten (Neh 13,10–14) und zur Sicherung der Sabbatruhe (Neh 13,15–22) sowie vielleicht auch durch das Vorgehen gegen die Mischehen (Neh 13,23–27[125]) die religiöse Identität Israels zu sichern.

Die Restauration Israels als einer um den Tempel in Jerusalem gescharten religiösen Gemeinschaft sollte später von Esra fortgesetzt werden. Nach der alttestamentlichen Darstellung erscheint

---

124 Die biblische Überlieferung unterscheidet nicht zwischen den beiden Perserkönigen gleichen Namens. Es dürfte sich im Nehemiabuch um Artaxerxes I. (464–425 v. Chr.) handeln, so dass die geschilderten Vorgänge in die Zeit um 445 v. Chr. anzusiedeln wären.

125 Es ist umstritten, ob das in Neh 13,23–27 geschilderte Geschehen effektiv in seine Zeit fällt, oder ob die Stelle nach dem Vorbild von Esra 10 gestaltet wurde, nachdem das Nehemiabuch im AT hinter das Esrabuch eingeordnet wurde.

es zwar, als ob Esra vor Nehemia gewirkt hätte, doch spricht die Schilderung der Umstände seiner Mission ebenso wie vieles in der Chronologie des Perserreiches dafür, dass er erst nach Nehemia gewirkt hat.[126] Nach Esra 7,11–26 sollte er ein offenbar weithin bekanntes Gesetz des (israelitischen) Himmelsgottes unter den Jüdinnen und Juden in der persischen Satrapie *Transeuphratene* durchsetzen. Dies war ein für die persische Verwaltung durchaus übliches Vorgehen, wurde doch auch im persisch besetzten Ägypten das ägyptische Recht kodifiziert und als persisches Reichsgesetz vom Grosskönig bestätigt.

Es stellt sich nun einfach die Frage, welche israelitischen Gesetzestexte das Esrabuch im Blick hat. Die Forschung ist sich darüber uneins, verschiedene Möglichkeiten werden diskutiert: Nach einer alten jüdischen Tradition soll es sich um die Tora der fünf Mosebücher gehandelt haben, viele Ausleger nehmen an, dass es ein Vorläufer derselben wie etwa die Priesterschrift oder das Deuteronomium war.

Die Frage wird sich nicht mit letzter Sicherheit beantworten lassen. Das Faktum, dass um das Jahr 300 v. Chr. die Trennung der samaritanischen Kultgemeinde mit einem eigenen Tempel auf dem Garizim bei Sichem von der jüdischen Gemeinde um den Tempel in Jerusalem erfolgt war, beide Gemeinschaften aber die gleichen fünf Mosebücher als ihre Glaubensgrundlage kannten, lässt daran denken, dass Esra knapp hundert Jahre vorher doch bereits eine weitgehend abgeschlossene Fassung der fünf Mosebücher als Reichsgesetz autorisieren lassen konnte. Mit neueren Forschungsarbeiten[127] kann man dann annehmen, dass die fünf Mosebücher letztlich das Ergebnis der Bemühungen waren, die verschiedenen Überlieferungen und Entwürfe der in Palästina verbliebenen Bevöl-

---

126 Esra 7,7–9 nennt das 7. Regierungsjahr des Artaxerxes als Datum der Entsendung Esras. Die Verfasser des Esra- und Nehemiabuchs bezogen diese Angabe auf das Jahr 458 v. Chr. unter Artaxerxes I., so dass Esra vor Nehemia aufgetreten und es zur Überschneidung der beiden Missionen gekommen wäre. Da nun aber Esra sich auf bereits bekannte Gebote bezieht und das Jerusalem seiner Tage offensichtlich schon wieder eine eigentliche Stadt ist, legt sich der Schluss nahe, dass die Mission Esras das Werk Nehemias voraussetzt und demnach unter Artaxerxes II. und auf das Jahr 398 v. Chr. zu datieren ist. Dies ergibt eine plausible Abfolge der verschiedenen Ereignisse. Vgl. zum Ganzen auch H. Donner, *Geschichte Israels 2*, S. 418f.

127 Vgl. dazu ausführlich R. Albertz, *Religionsgeschichte 2*, S. 495 ff.

kerung (wie z. B. das Deuteronomium) und der aus dem babylonischen Exil zurückgekehrten Bevölkerung (Priesterschrift) zu einem gemeinsamen Glaubensdokument zu verbinden. Auf der Grundlage dieses Dokumentes hätte dann Esra der Kultgemeinde des zweiten Tempels ihre verbindliche Form und eine Verankerung im persischen Recht gegeben.

2.3. Das «dunkle Jahrhundert»

Für die Zeit nach der Mission Esras fehlen geschichtliche Angaben bezüglich Israels sowohl im Alten Testament als auch in den aus dem Alten Orient erhaltenen Texten. Erst wieder mit dem Eroberungszug Alexanders des Grossen nach 333 v. Chr. lassen sich geschichtliche Ereignisse in Judäa benennen.

Man wird aus diesen fehlenden Angaben auch den Schluss ziehen dürfen, dass in Palästina unter der persischen Verwaltung weitgehend Ruhe herrschte. Das Israel des zweiten Tempels hatte sich als eine Glaubensgemeinschaft mit beschränkter Selbstverwaltung unter der Führung des Hohepriesters im Perserreich etabliert.

Diese Ruhe kam der Bevölkerung gewiss zugute, doch waren die Steuerlasten im Perserreich erheblich, und nach den uns bekannten wirtschaftsgeschichtlichen Quellen ergaben sich zunehmend soziale Unterschiede auch in Israel. Verschiedene soziale Schichten entstanden, die Kluft zwischen Arm und Reich scheint auch während des «dunklen Jahrhunderts» grösser geworden zu sein.

3. Die religiöse Frage: Wer ist das wahre Israel?

Stellt man sich die Situation in Jerusalem und Juda nach dem Ende der babylonischen Herrschaft und beim Beginn der Rückwanderung aus dem babylonischen Exil vor, wird bald klar, dass sich viele Fragen in Bezug auf die Identität Israels stellen mussten – und dies neben allen Fragen des Alltagslebens, die durch die Rückwanderung aufgeworfen wurden: Welche Besitzansprüche waren legitim, wovon sollte man leben, worauf sollte man die eigene Existenz gründen, wer gehörte nun zum Volk Israel dazu und wer nicht? Wer war das wahre Israel – jene, die im Lande verblieben waren oder jene, die sich im Exil aufgehalten hatten? Und wie sollte man sich organisieren – sollte man wieder nach einem Staat streben oder nicht? Auf all diese Fragen musste Israel Antworten finden.

Die erste und mit dem Beginn der Rückwanderung auch drängendste Frage war sicher, wer sich im Land überhaupt niederlassen durfte. Nach der Rückkehrerliste in Esra 2 (= Neh 7) wurde die Abstammung zu einem der Kriterien der Zugehörigkeit zu Israel: Die Rückkehrer werden dort nach Familien und Abstammung aufgelistet. Damit waren zwar vielleicht die Ansprüche jener zu klären, die nach Jerusalem und Juda zurückkehrten, doch blieben viele Menschen israelitischer Abstammung in der Fremde wohnhaft – nicht alle kehrten aus Babylonien zurück, aus Ägypten scheint überhaupt keine Rückwanderung stattgefunden zu haben. Hinzu kam, dass durch die Heiraten mit Menschen nichtisraelitischer Abstammung längst nicht mehr alle Stammbäume «rein» israelitisch waren. Daraus erklärt sich etwa auch das Vorgehen Nehemias wie Esras gegen die Mischehen, zumal durch die fremden Ehepartner auch andere Religionen Einzug halten konnten. Dass die Abgrenzungspolitik gegenüber Fremden allerdings nicht unwidersprochen blieb, zeigt etwa das höchstwahrscheinlich in der persischen Zeit entstandene Jonabuch: Gottes Gnade gilt auch den Sündern unter den fremden Völkern, nicht nur den gottesfürchtigen Israeliten. Und im kleinen Buch Rut, das wahrscheinlich ebenfalls in persischer Zeit niedergeschrieben wurde, wird sogar erzählt, wie eine Moabiterin zur Grossmutter des Königs David wurde!

Das Kriterium der Abstammung und der Abgrenzung konnte also nicht allein genügen, und so wurden letztlich die Elemente der Religionsausübung zu zentralen Punkten des israelitischen Selbstverständnisses: In der Tradition der babylonischen Exilsgemeinde wurde die Beachtung des Sabbatgebotes entscheidend (vgl. die entsprechenden Massnahmen Nehemias Neh 13,15–22), ebenso die Beschneidung und mit der Zeit auch die Beachtung des Gesetzes (Esra!). Während der Perserzeit konstituierte sich Israel also als auf die Tora bezogene und um den Tempel gescharte Glaubensgemeinschaft. Das Judentum als älteste der monotheistischen Weltreligionen nahm in dieser Zeit seine Gestalt an.

Nachdem die Hoffnungen auf ein neues Königtum, die etwa bei Haggai und Sacharja sichtbar sind, enttäuscht worden waren, entwickelte sich die Hoffnung auf den Messias als eine Rettergestalt in der Zukunft. Nicht mehr von einem israelitischen König der Gegenwart oder wenigstens näheren Zukunft erhoffte man das Heil, sondern vom Eingreifen Gottes in einer universalen Perspektive.

In welcher Art und Weise Israel auf all die Fragen zu seiner Identität Antworten fand, lässt sich rückblickend nicht mehr genau erkennen. Wir kennen das Ergebnis des Prozesses, und es gibt Hinweise darauf, dass sich ganz verschiedene Gruppen in der Bevölkerung gebildet hatten, mit verschiedenen Positionen, Traditionen und Interessen. Der Umstand, dass etwa in den fünf Mosebüchern verschiedene Überlieferungen und Gesetzescorpora zu einem Ganzen vereinigt wurden, zeigt aber eine Tendenz zum Kompromiss: Man suchte offenbar eine Synthese der verschiedenen Positionen. Israel fand seine Identität als Religionsgemeinschaft in der Fülle seiner Überlieferungen, und auch in der Folgezeit sollten verschiedene Frömmigkeitsrichtungen in Israel ihren Platz haben.

Zwischen den Welten

Die hellenistische Epoche
und der Aufstand der Makkabäer

1. Zur Überlieferung und zur Quellenlage

Mit dem Sieg des mazedonischen Königs Alexander des Grossen über die Perser bei Issos im Jahre 333 v. Chr. bricht für den Vorderen Orient das sogenannte hellenistische Zeitalter an. Dies bedeutete nicht nur einen Austausch der Herrscher, sondern in vielem auch eine Konfrontation mit einer anders geprägten Kultur. Der Alte Orient, der über Jahrtausende seine eigene Kulturgeschichte durchlaufen hatte, wurde nun von der griechischen Kultur in einer neuen Weise bestimmt. Dies bedeutete auch für das Alte Israel eine Konfrontation mit einer anders geprägten Welt.

In der Hebräischen Bibel gibt es keine eigentliche Geschichtserzählung über die hellenistisch geprägte Epoche. Es scheint so zu sein, dass etwa die Tora bereits weitgehend abgeschlossen war und auch die Prophetenbücher zum grösseren Teil gegen Ende des persischen Zeitalters ihre Endgestalt erhalten hatten.[128] Rückschlüsse auf die hellenistische Epoche erlauben so nur mehr die Schriften, die zwischen ca. 300 v. Chr. und dem vorläufigen Abschluss des hebräischen Kanons um 150 v. Chr. entstanden sind. Als solche sind besonders das Danielbuch, das sich in verschlüsselter Form auf Vorgänge der Jahre 167 v. Chr.–165 v. Chr. bezieht, sowie das Predigerbuch und das Esterbuch[129] zu nennen.

---

128 Dennoch unterscheiden sich die hebräische und die griechische Textüberlieferung etwa der Samuelbücher und des Jeremiabuchs teilweise erheblich. Unterschiede finden sich auch in etlichen der «kleinen» Propheten. Ein «verbindlicher» Text dieser Bücher lag also noch nicht vor.

129 Zu ergänzen ist, dass die Entstehung bzw. abschliessende Redaktion etwa der Chronikbücher, des Hiobbuchs oder des Sprüchebuchs nach Ansicht mancher Exegeten ebenfalls in die hellenistische Zeit fallen könnten, während andere an die späte Perserzeit denken. In Anbetracht dieser Unsicherheit wird man diese Bücher nur mit Vorsicht als Quellen für die hellenistische Zeit benützen dürfen.

Dafür ist ein grosser Teil der sogenannten Apokryphen des Alten Testamentes in die hellenistische Epoche einzuordnen. Darunter finden sich das 1. und 2. Makkabäerbuch, die beide unter anderem eine Geschichtsdarstellung der Ereignisse von ca. 180 v. Chr. bis etwa 130 v. Chr. bieten.

Zu erwähnen ist schliesslich auch das Werk des jüdischen Historikers Flavius Josephus, der gegen Ende des 1. Jahrhunderts nach Christus die Geschichte des Judentums der römischen Öffentlichkeit nahebringen wollte. Für die hellenistische Epoche finden sich vor allem in seinen *Antiquitates* vielerlei Informationen, wobei im Einzelnen zu prüfen ist, ob Josephus Legenden oder historische Fakten wiedergibt.

Hinzu kommen vielerlei Zeugnisse aus den Bereichen der Verwaltung und des Geschäftslebens der hellenistischen Reiche ebenso wie aus der hellenistischen Philosophie und Kultur allgemein. Diese griechischen Überlieferungen und Papyri beziehen sich in aller Regel nicht unmittelbar auf die Situation in Judäa und Palästina, ergeben aber ein sehr genaues Bild des hellenistischen Verwaltungsalltags und der hellenistischen Kultur ebenso wie der grossen Weltgeschichte.

Aus all diesen Quellen und Überlieferungen lässt sich ein Bild der Geschichte Israels während der hellenistischen Epoche erschliessen, wobei im Detail auch manches unklar oder sogar verworren erscheint.

2. Die geschichtlichen Vorgänge

2.1 Alexanders Eroberungszug

Nachdem Alexander an Stelle seines Vaters 336 v. Chr. König von Mazedonien geworden war und zugleich die Vorherrschaft über Griechenland ausübte, machte er sich zielstrebig an die Vorbereitung eines Angriffs auf das Perserreich. Sein Feldzug begann im Frühjahr 334 v. Chr. mit dem Angriff auf Kleinasien. Im Laufe der Jahre 334/333 v. Chr. gelang Alexander die Unterwerfung Kleinasiens und er befreite griechischen Städte wie Milet und Ephesus von der persischen Herrschaft. Die von Alexander propagierte Rache für die Perserkriege des 5. Jahrhunderts war damit erreicht, doch stiess er schnell weiter vor und schlug Ende des Jahres 333 v. Chr. den Perserkönig Darius III. in der Schlacht von Issos in Zilizen vernichtend: Die persische Armee wurde auf dem Schlachtfeld aufgerieben, der Tross, die Kriegskasse sowie der Harem des Persers fielen Alexander nach der Schlacht in die Hände. Er strebte nun nach der Weltherrschaft und schlug ein Friedensangebot von Darius aus.

Entlang der Mittelmeerküste zog Alexander nach Ägypten und brachte so bis Ende 332 v. Chr. Syrien, Palästina und Ägypten in seinen Besitz. Einzelne Phönizierstädte wie Tyros und Gaza leisteten Widerstand,[130] und auch Samaria widersetzte sich, wurde aber nach kurzer Zeit erobert und schliesslich zu einer mazedonischen Kolonie erklärt. Die meisten anderen Städte und Provinzen fielen kampflos an Alexander, und damit kam auch die persische Provinz Judäa unter Alexanders Herrschaft, auch wenn der von Josephus berichtete Besuch Alexanders in Jerusalem kaum je stattgefunden hat.[131]

331 v. Chr. begann Alexander von Ägypten aus mit seinem Heer den abschliessenden Feldzug gegen die Perser. Wieder zog das Heer über die Küstenstrasse und durch Syrien Richtung Tigris, wo Alexander bei Gaugamela die zahlenmässig überlegene persische Armee vernichtend schlug. Er setzte nun dem nach Osten flüchtenden Darius nach und zog als Sieger in die verschiedenen persischen Residenzstädte ein. Nachdem Darius von eigenen Satrapen gefangen genommen worden war und schliesslich getötet wurde, trat Alexander das Erbe der persischen Herrscher endgültig an. Um seine Weltherrschaft weiter auszudehnen, unternahm Alexander weitere Feldzüge bis über den Hindukusch, in den Panjab und an den Indischen Ozean, bis er 323 v. Chr. in Babylon starb.

---

130 Insbesondere die Inselstadt Tyros setzte sich zur Wehr, so dass Alexander zu einer siebenmonatigen Belagerung gezwungen wurde. Dabei schüttete er den Damm auf, der Tyros bis heute zur Halbinsel macht.

131 Die Schilderung bei Flavius Josephus (*Antiquitates* XI,302–347) überträgt eindeutig spätere Verhältnisse auf die Tage Alexanders und gehört darum in den Bereich der propagandistischen Legenden aus späterer Zeit. Jerusalem fiel kampflos an Alexander. Für ein Erscheinen des Feldherrn im judäischen Bergland gab es keinerlei Notwendigkeit.

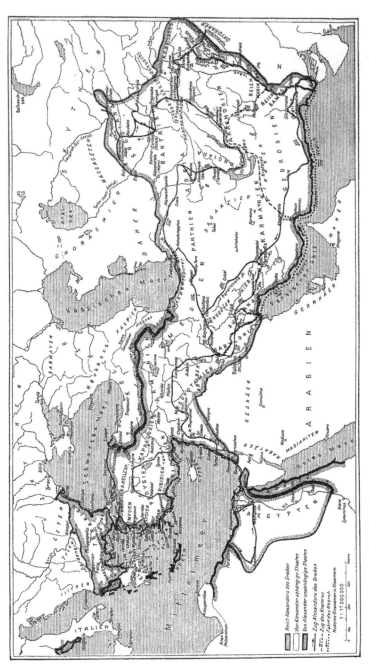

Abb. 16:   Das Reich Alexanders des Grossen

2.2 Die Diadochenreiche:

Da Alexander keinen Thronerben hinterliess, wurde das Weltreich unter seine engsten Gefolgsleute, die sogenannten Diadochen aufgeteilt. Unter diesen Diadochen brachen allerdings sehr bald heftigste Kämpfe aus, die sogenannten Diadochenkriege. Es ging um die Herrschaftsgebiete und die Macht, die Einheit des Alexanderreiches zerbrach. Hatte Judäa von den Eroberungszügen Alexanders im Osten relativ wenig mitbekommen, so geriet es nun mitten zwischen die Fronten. 312 v. Chr. tobte etwa die Schlacht von Gaza zwischen Ptolemaios, dem Herrscher von Ägypten, und Demetrios, dem Sohn des Antigonos, des Herrschers des Zweistromlandes. Nachdem Ptolemaios den vorläufigen Sieg davongetragen hatte, kam es offenbar auch zur Einnahme von Jerusalem an einem Sabbat[132] und zu einer teilweisen Deportation oder Flucht von Juden nach Ägypten.[133]

Nach mehreren grossen Feldzügen entstand schliesslich nach den Schlachten von Ipsos 301 v. Chr. und Kurupedion 281 v. Chr. die Situation, dass sich drei Grossreiche gegenüberstanden: Ägypten, Teile Nordafrikas und die östliche Mittelmeerküste wurden von den Ptolemäern beherrscht, Teile Kleinasiens und Syriens sowie das Zweistromland waren unter der Herrschaft der Seleukiden, der europäische Teil des zerfallenen Alexanderreichs wurde von Mazedonien kontrolliert.

Jerusalem und Judäa fanden sich im ptolemäischen Herrschaftsbereich wieder, doch entstand ein ständiger Kampf zwischen den Ptolemäern und den Seleukiden um die Vorherrschaft im östlichen Mittelmeerraum. Zwischen 274 v. Chr. und 168 v. Chr. werden nicht weniger als sechs «syrische Kriege» gezählt, in denen es letztlich immer um die Vormacht der einen oder anderen Seite ging. Mehr als einmal zog so auch eine Armee durch Judäa. Im Zuge des fünften syrischen Kriegs (202–195 v. Chr.) kam Judäa nach 200 v. Chr. unter seleukidische Herrschaft.

Sowohl die Ptolemäer als auch die Seleukiden pflegten eine straffe Verwaltung ihrer Reiche, insbesondere in finanzieller und

---

132 Vgl. Josephus, *Antiquitates* XII,1
133 Die exakten Vorgänge sind unklar: Hatte Ptolemaios Juden deportiert oder flüchteten seine jüdischen Anhänger nach Ägypten, als der syrische Herrscher die Oberhand gewann?

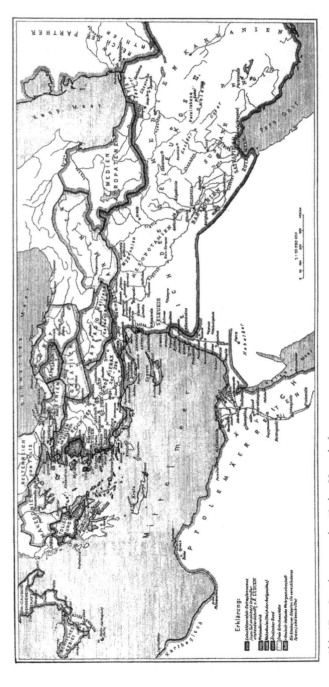

Abb. 17:   Israel unter ptolemäischer Herrschaft

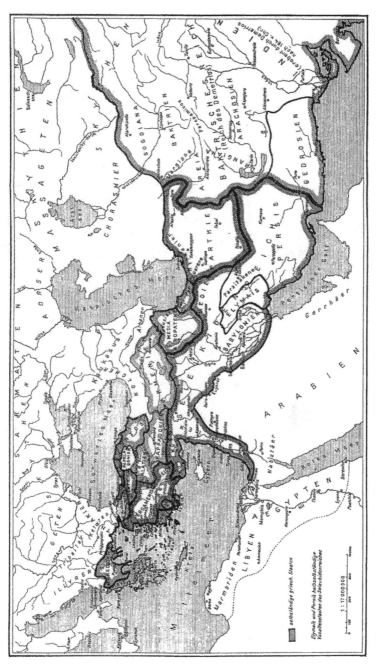

Abb. 18: Israel unter seleukidischer Herrschaft

wirtschaftlicher Hinsicht. Dennoch genoss Judäa eine gewisse
Selbstverwaltung unter der Leitung des Hohepriesters, der Ältesten
und Priester sowie der Volksversammlung. So kann man zu Beginn
der Ptolemäerzeit von der Existenz eines «Tempelstaats» sprechen.

Zugleich aber hatten die Ptolemäer wie die Seleukiden für ihre
ständigen Kriegszüge und die Prachtentfaltung der einzelnen Herrscher einen erheblichen Finanzbedarf. Unter der hellenistischen
Herrschaft wurde deshalb in Judäa auch das System der Steuer-
pacht eingeführt: Dem Meistbietenden wurde das Recht der Steuer-
eintreibung in einer bestimmten Region übertragen. Der Steuerpächter hatte fortan den festgelegten Steuerbetrag der königlichen
Kasse abzutreten, wie er diese Steuern eintrieb und welchen Gewinn er selbst daraus zog, blieb ihm überlassen. Es ist unübersehbar, dass viele der Steuerpächter der Bevölkerung enorme Lasten
auferlegten, um sowohl die Forderungen der Krone als auch ihren
eigenen Gewinn zu erreichen.

Dennoch ist aus den Quellen wie etwa den Zenon-Papyri[134]
auch das Faktum zu erkennen, dass gerade die ptolemäische Verwaltung vieles unternahm, um die Wirtschaftskraft allgemein zu
fördern: Der Anbau neuer Getreidesorten (besonders Weizen)
wurde gefördert, durch Terrassierung und Bewässerung wurden
die Anbaumethoden verbessert. Die Einführung eines einheitlichen
Münzsystems wie auch die Öffnung für den grossräumigen Handel
brachten einen zusätzlichen Aufschwung des Wirtschaftslebens.
Doch trotz aller wirtschaftlichen Hektik konnte nicht die gesamte
Bevölkerung am Wohlstand teilhaben, dieser blieb einer kleinen
Gruppe besonders in den Städten vorbehalten, während ein grosser
Teil der Landbevölkerung in Armut gefangen blieb.

Einige judäische Familien wie etwa die aus dem Ostjordanland
stammenden Tobiaden kamen unter den Bedingungen der ptolemäischen Herrschaft sogar zu gewaltigem Reichtum und grossem
politischem Einfluss, während der Hohepriester mit der Zeit eher
wieder an Bedeutung verlor.

---

134 Die Zenon-Papyri enthalten Wirtschaftskorrespondez aus den Jahren 261–252
v. Chr., vgl. dazu auch K. Durand, *Des Grecs en Palestine au IIIe siècle avant
Jésus Christ. Le dossier syrien de Zénon de Caunos*, Paris 1997.

2.3. Der Aufstand der Makkabäer und die hasmonäische Dynastie

Als Antiochos III. nach dem fünften syrischen Krieg die Herrschaft auch über Judäa und Jerusalem antrat, wurde er zunächst noch mit Freude von der Bevölkerung begrüsst – ob aus Erleichterung über das Ende der Ptolemäerherrschaft oder aus Berechnung gegenüber dem neuen Herrscher, bleibe einmal dahingestellt. Antiochos erneuerte zunächst auch nach dem Beispiel der früheren Perserkönige die Privilegien Jerusalems und förderte den Wiederaufbau der kriegsversehrten Stadt. Als seine Feldzüge in Kleinasien allerdings durch das Eingreifen der Römer gestoppt wurden und das Seleukidenreich fortan schwere Tribute an das Imperium Romanum abzuliefern hatte, verschlechterte sich die Lage zusehends. Zwangsanleihen und die Plünderung von Tempelschätzen wurden notwendig, um diese wiederholten Tribute aufbringen zu können.

Als unter den Königen Seleukos IV. (187–175 v. Chr.) und Antiochos IV. (175–164 v. Chr.) die innerjüdischen Differenzen zwischen Hohepriester und Tempelvorsteher immer heftiger wurden, begab sich der aus der Familie der Oniaden stammende und um seine Position fürchtende Hohepriester Onias III. nach Antiochia, um den König um Intervention in Jerusalem ersuchen. Während der Hohepriester in der Residenz weilte, wurde Seleukos IV. das Opfer einer Palastintrige, und der neue König Antiochos IV. sah sich dem Jerusalemer Problem gegenüber. Eine Entscheidung schien nicht einfach, und so nahm der wie sein Vorgänger unter chronischem Geldmangel leidende neue König die Offerte des Jason, eines Bruders des Hohepriesters, gerne an, gegen eine Erhöhung der Steuerabgaben den «Tempelstaat» Jerusalem in eine Polis nach griechischem Vorbild umzugestalten, mit Gymnasium und Ephebie als Bildungsstätten hellenistischer Kultur. Jason bezweckte also offensichtlich eine Öffnung des jüdischen Gemeinwesens für die hellenistische Kultur, wie sie im Diasporajudentum vielerorts bereits üblich war.

Damit aber war der Widerstand der konservativen Kreise und der um ihre Macht fürchtenden Tempelpriesterschaft geweckt. Hinzu kam, dass bereits drei Jahre nach der Einsetzung Jasons als Hohepriester und der beginnenden Hellenisierung Jerusalems der Tobiade Menelaos dem König das Hohepriesteramt für eine noch grössere Geldsumme abkaufte. Jason wurde abgesetzt und der Konflikt zwischen den verschiedenen politisch einflussreichen Familien Judäas eskalierte. Um dem König den fälligen Geldbetrag bezahlen zu können, plünderte Menelaos den Tempelschatz ein erstes Mal (vgl. 2Makk 4,32), was den Unwillen vieler Judäaer weckte. Verschiedene politische Morde folgten, und es formierte sich ein ansehnlicher Widerstand gegen Menelaos und die weitere Hellenisierung Jerusalems. Als zudem Antiochos IV. nach seinem Ägyptenfeldzug von 169 v. Chr. in Jerusalem erschien und – wohl einmal mehr in Geldnot – das Allerheiligste des Tempels betrat und unter gütiger Mithilfe von Menelaos den Tempelschatz plünderte (vgl. 2Makk 5,15), eskalierte die Situation: Der abgesetzte Hohepriester Jason erschien mit einer kleinen Streitmacht in Jerusalem, belagerte Menelaos in der Zitadelle und richtete in der Stadt ein Blutbad an (vgl. 2Makk 5,5–7).

Aufgeschreckt von diesen Vorgängen entsandte Antiochos IV. eine Söldnereinheit, liess die Stadt erobern und plündern und einen Teil der Bevölkerung in die Sklaverei verkaufen (1Makk 1,29–32). Zudem wurde in Jerusalem eine seleukidische Militärkolonie gegründet – und wohl sogar auf Betreiben des Hohepriesters Menelaos[135] – die alte Jahwe-Verehrung verboten (vgl. 1Makk 1,41–51) und der Tempel zu einem Zeus-Heiligtum umgestaltet (1Makk 1,54) – wahrscheinlich auch, um den Kolonisten ihren Kult und Gottesdienst in Jerusalem zu ermöglichen.

Damit war das Mass für die ihrer angestammten Religion treu gebliebenen Juden voll, unter der Führung des Priesters Mattatias aus dem Geschlecht des Hasmon kam es zum Aufstand. Mit seinen Söhnen ging Mattatias ins Gebirge und begann einen Guerilla-Krieg gegen die seleukidische Herrschaft und kollaborierende Juden (vgl. 1Makk 2,27–48). Als Mattatias 166 v. Chr. starb, übernahm sein Sohn Judas Makkabaios die Führung der Aufständischen und errang in den Jahren 166/165 v. Chr. drei Siege über die Militärmacht der Seleukiden. In der zweiten Jahreshälfte 164 v. Chr. zog Judas Makkabaios nach Jerusalem und stellte die Jahwe-Verehrung wieder her: Am 14.12.164 v. Chr. wurde der Tempel neu geweiht, woran bis heute das jüdische Chanukka-Fest erinnert. Mit weiteren

---

135 Sogar die seleukidischen Beamten sehen in Menelaos den Urheber der Unruhen, vgl. 2 Makk 13,4 und Josephus, *Antiquitates* XVII,384.

Feldzügen dehnte Judas seinen Machtbereich aus, was aber bald die seleukidische Reaktion hervorrufen musste: 162 v. Chr. wurde Jerusalem belagert, doch führten innerseleukidische Wirren bald zu einem Friedensangebot, das von Judas angenommen wurde und das die Wiederherstellung der jüdischen Religionsfreiheit im Land brachte. Eigentlich wäre die Aufstandsbewegung damit am Ziel gewesen, doch versuchte Judas Makkabaios weiterhin, seine Macht zu erweitern. Er trat mit den Römern in Kontakt (vgl. 1Makk 8,17), was offenbar zu erneuten innerjüdischen Konflikten führte. Der amtierende Hohepriester musste schliesslich sogar die Seleukiden um ihr Eingreifen bitten, was zu neuen Schlachten führte: Nach einem ersten Sieg fiel Judas in der zweiten Schlacht (vgl. 1Makk 9,1–22). Seine versprengten Anhänger flüchteten in die Wüste und begannen unter der Führung seines Bruders Jonatan erneut mit einem Guerilla-Krieg gegen die seleukidischen Truppen.

Als das Seleukidenreich in lang anhaltende Thronwirren geriet, konnte Jonatan nach und nach sein Herrschaftsgebiet erweitern. 152 v. Chr. kam er nach Jerusalem und wurde neuer Hohepriester und bald auch mit den Insignien politischer Macht (vgl. 1Makk 9,23–12,53) ausgestattet. 142 v. Chr. folgte ihm sein älterer Bruder Simon, der die Herrschaft über Judäa beträchtlich auszuweiten vermochte und endlich auch die seleukidische Militärkolonie in Jerusalem in seine Gewalt bringen konnte. Simon pflegte Kontakte mit Rom und Sparta und wurde von den schwachen Seleukiden in Ruhe gelassen. Seine Regierungszeit galt deshalb als Friedenszeit.

Als Simon 134 v. Chr. ermordet wurde, folgte ihm sein Sohn Johannes Hyrkanos nach, der zwar zuerst einem Eingreifen des Seleukidenkönigs Antiochos VII. nur mit knapper Not entging, wegen der weltpolitischen Lage aber bald die faktische Unabhängigkeit für Judäa errang. In den Jahren nach 129 v. Chr. erkämpfte Johannes Hyrkanos die Herrschaft über immer weitere Gebiete, 108/107 v. Chr. sogar über Samaria.

Unter den Hasmonäern entstand so ein ansehnliches Königreich, doch war es in seinem Inneren nicht gefestigt: Unter den *Chasidim*, der Bewegung der «Frommen», die ursprünglich den Aufstand der Makkabäer unterstützt hatten (und aus die später die Pharisäer hervorgehen sollten), regte sich Widerstand gegen die machtpolitisch-weltlich geprägte Regentschaft, erst recht, als in der Hasmonäerfamilie selbst Differenzen auftraten. Zwar be-

herrschte Alexander Jannaios (103–76 v. Chr.) zeitweilig ganz
Palästina, doch verwickelte er sich in Konflikte mit dem im Süd-
osten entstandenen Nabatäerreich und im Inneren entstanden
durch die Konflikte rivalisierender Gruppierungen zeitweilig bür-
gerkriegsähnliche Zustände.

Nach einer relativ friedlichen Phase unter Salome Alexandra
(76–67 v. Chr.), der Witwe Alexander Jannaios, kam es zum Bru-
derkrieg zwischen den beiden Söhnen und zur Einmischung der
Nabatäer, bis schliesslich die römischen Legionen unter Claudius Pompeius in Palästina einmarschierten: 63 v. Chr. eroberte
Pompeius Jerusalem und richtete ein gewaltiges Blutbad an. Wie
die reichen Familien Judäas nun zur Erhaltung ihrer Macht um die
Gunst der Römer buhlten und die römischen Besatzer den Tempel
entweihten, schildert Flavius Josephus ausführlich.[136]

3. Die religiöse Herausforderung des Hellenismus

Mit den Armeen Alexanders kam auch die hellenistische Kultur in
den Orient. Sie stellte mit ihrem ausgeprägten Leistungs- und Kon-
kurrenzdenken, aber auch mit ihren technischen, medizinischen
und kulturellen Errungenschaften eine grosse Herausforderung für
die altorientalisch geprägte Welt Israels dar. Dass mehrere der Hohepriester in dieser Epoche keineswegs jüdische, sondern griechische Namen wie Jason oder Menelaos trugen, zeigt, welche Fas-
zination der Hellenismus auf breite Kreise der Oberschicht und der
Priesterschaft Israels ausübte. Für die Menschen, die durch ihre ge-
sellschaftliche oder berufliche Stellung Zugang zur hellenistischen
Welt hatten, eröffneten sich ganz neue Lebenswelten und vielfältige
Möglichkeiten. Dies traf auf viele Juden in der Diaspora zu, aber
auch auf die Oberschicht in Judäa und Jerusalem. Dass in der hellenistischen Epoche in Ägypten das hebräische Alte Testament ins
Griechische übersetzt wurde, dass jüdische Schriften aus dieser Epoche nur mehr in Griechisch erhalten sind oder dass nach der Zeitenwende der jüdische Philosoph Philo eine Synthese von jüdischer
Religion und klassisch-griechischer Philosophie versuchte, zeugt
von der produktiven Auseinandersetzung mit dem Hellenismus.

---

136 Josephus, *Antiquitates* XIV,3–16

Allerdings muss man auch in Rechnung stellen, dass der in den Diadochenreichen gelebte Hellenismus nicht nur die Philosophie der klassischen Zeit eines Sokrates oder Plato in den Alten Orient brachte, sondern auch vielerlei andere Elemente enthielt. Gerade was die Herrschaftsausübung oder das Wirtschaftsleben betraf, bedeutete die hellenistische Kultur auch einen äusserst harten Konkurrenzkampf, der mit Methoden ausgefochten wurde, die uns heute an die Praktiken der Mafia erinnern mögen.[137] Für viele Menschen, besonders der städtischen Unterschichten und der Landbevölkerung bedeutete dies, dass sie sich als ausgebeutete Opfer von Grosshändlern und Bankiers oder skrupellosen Herrschern wiederfanden und in dauernde Abhängigkeiten, wenn nicht sogar Sklaverei gerieten. Gerade in Judäa scheinen sich in der hellenistischen Zeit grosse Klassenunterschiede und eine grosse Schicht verarmter Menschen herausgebildet zu haben.

Im Alten Testament setzt sich beispielsweise Kohelet (das Predigerbuch) mit dieser Form von Hellenismus auseinander und kritisiert dabei vielerlei Ungerechtigkeiten ebenso wie die Vermessenheit menschlichen Gewinnstrebens (vgl. z. B. Koh 1,2ff oder 5,9ff).

Andererseits wird man das Aufkommen der sogenannten Apokalyptik[138] als einen Ausdruck der verzweifelten Lage vieler Menschen verstehen dürfen. Das Danielbuch beispielsweise spiegelt sehr genau die schrecklichen Ereignisse der Jahre 168/167 v. Chr., wenn etwa vom «Gräuel der Verwüstung» im Tempel gesprochen wird (Dan 11,31 und 12,11), und es stellt diese Ereignisse in den weltgeschichtlichen Zusammenhang einer Abfolge von dämonischen Weltreichen, die den Jahwetreuen vielerlei Not und Vernichtung bringen. Doch sind in der Geschichtskonzeption des Danielbuchs diese Weltreiche nichts anderes als ein Koloss auf tönernen Füssen (vgl. Dan 2), der Jahwes endgültigem Eingreifen in die Weltgeschichte weichen wird. Dabei erscheint die Figur des

137 Vgl. z. B. H.-J. Gehrke, *Alexander der Grosse,* S. 16. Die verwirrende Bündnispolitik der hellenistischen Herrscher und die zahlreichen Königsmorde sind durchaus als Ausdruck dieser Geisteshaltung des ständigen Wettbewerbs um die Macht zu verstehen.

138 Im Begriff Apokalyptik steckt das griechische Wort αποκαλυπτω für «enthüllen, aufdecken» – es geht also um die Enthüllung kommender, noch verborgener Ereignisse.

Menschensohnes (Dan 7,13ff) als des künftigen Weltenhcrrschers und Retters.

Die Apokalyptik hält so an der Königsherrschaft Jahwes über die ganze Welt fest und sieht trotz allem Leiden der Menschen das künftige Eingreifen Gottes und Gottes Kampf gegen die bösen Mächte als die die gesamte Welt zum Heil verändernde Hoffnung.

In diesen Zusammenhang der Apokalyptik gehören neben dem biblischen Danielbuch auch viele der sogenannten Apokryphen und Pseudepigraphen wie 4. Esra oder die Baruchapokalypse. Auch wenn nur die wenigsten dieser im damaligen Judentum entstandenen Schriften später Teil des Kanons der Hebräischen Bibel geworden sind, ist ihre theologische Bedeutung nicht zu unterschätzen: Einerseits formulieren sie wichtige Einsichten wie die Hoffnung auf das Gottesreich und die Auferstehung der Toten, und andererseits entwickeln sie Vorstellungen zu den Engelwesen oder dem Bösen in der Welt. Es sind dabei nicht völlig neue Gedanken, sondern in vielem Versuche, Elemente aus den alttestamentlichen Überlieferungen auszuführen und zu systematisieren. Von Boten Gottes oder himmlischen Wesen in der Umgebung Gottes weiss die Hebräische Bibel beispielsweise in vielen Erzählungen (vgl. z. B. Gen 18; 28; Jes 6, Ez 1ff) zu berichten, doch werden diese Vorstellungen erst in hellenistischer Zeit systematisiert.

Derselbe Gedanke vom Eingreifen Gottes in die Welt zugunsten seines bedrohten Volks prägt auch das Esterbuch: In dieser Erzählung vom Mordanschlag auf das Gottesvolk spiegelt sich ebenfalls vieles von der Not Israels in der hellenistsichen Epoche, doch wird hier nicht auf ein endzeitliches Eingreifen Jahwes verwiesen, sondern auf das Wirken Gottes in dieser Welt durch rechtschaffene Männer und Frauen mit den Mitteln ihrer Weisheit. Das Esterbuch teilt so die Überzeugung, dass Jahwe sein Volk rettet, es erwartet und erkennt sein Eingreifen aber durchaus konkret bereits in dieser Welt und ihrer Geschichte.

Es gibt also in der hellenistischen Zeit keine einheitliche Theologie, durchaus aber vielfältige Versuche, das Weltgeschehen zu begreifen und dabei auf Jahwe als den Retter seines Volks und Schöpfer dieser Welt zu vertrauen. Viele dieser Gedanken sind in der Folgezeit sowohl für das Judentum als auch für das entstehende Christentum zentral geworden.

Hinzuweisen ist auch darauf, dass der Kanon des Alten Testaments unter den Bedingungen des Hellenismus zu seinem gelegentlichen Abschluss kam, auch wenn offensichtlich noch verschiedene Textvarianten im Umlauf waren, denn anders sind die Unterschiede zwischen der griechischen und der hebräischen Überlieferung nicht zu erklären.

.

Ein Nachwort zum Alten Testament

Es sei an dieser Stelle erlaubt, kurz auf die Entwicklung des alttestamentlichen Glaubens Rückschau zu halten. Wir haben mitverfolgt, wie das Volk Israel in seiner Hebräischen Bibel seine eigene Geschichte erzählt und sie zugleich mit seinen Gotteserfahrungen in Beziehung setzt. Oft erzählt das Alte Testament die Geschichte nicht so, wie der Historiker sie rekonstruiert, manches, was die Texte des AT berichten, hat sich nicht so zugetragen. Israel erzählt im Alten Testament also nicht bloss Historie, sondern eine religiös gedeutete Geschichte, es erkennt in seiner Geschichte Gottes Wirken und legt seine Glaubensvielfalt in die erzählten Geschichten hinein. Diese Erzählungen suchen die Wahrheit nicht in der historischen Wirklichkeit, sondern entdecken die Glaubenswahrheit in der Deutung der Geschichte und der Gotteserfahrungen.

Wir haben dabei gesehen, wie im Laufe von mehr als 1000 Jahren das Volk Israel und seine Vorfahren ihren Gott in immer wieder neuer Weise erfahren und entdeckt haben. Vom begleitenden Familiengott der Vätererzählungen über den Befreier aus der ägyptischen Knechtschaft bis hin zum universalen Gott der apokalyptischen Erwartungen ist es ein weiter Weg. Israel hat Jahwe als seinen Gott erkannt und hat ihn in den Höhen und Tiefen seiner eigenen Geschichte immer wieder in neuer Weise erfahren. Vor diesem Hintergrund empfiehlt es sich, auf schablonenartige Urteile über den Gott des Alten Testamentes zu verzichten. Der in den Schriften des Alten Testaments bezeugte Gott ist nicht einfach nur ein strafender und gewalttätiger Gott, sondern ein vielseitiger und facettenreicher Gott. Gewiss hat Israel Jahwe zeitweise als einen strafenden Gott erlebt, es hat in ihm aber auch den Befreier, den Gott der Gerechtigkeit, den Schöpfer von Himmel und Erde, ebenso erkannt wie den liebevollen Gott, der seinem halsstarrigen Volk die Treue hält.

Für die Evangelisten wie auch die junge Christenheit war immer klar, dass der Gott der Hebräischen Bibel derselbe ist wie der Vater Jesu. Aus dem Reichtum der Gotteserfahrung des Alten Testaments schöpft auch das Neue Testament, wenn es aus Sicht des Christentums selber die Erfahrung Jesu als des Messias und Gottessohnes anfügt. Einfache Gegenüberstellungen eines Gottes des AT und eines Gottes des NT verbieten sich von daher, auch wenn sie sich mancherorts eingebürgert haben. Ohne die Hebräische Bibel in ihrer griechischen Übersetzung hätte das Christentum seinen Glauben wohl kaum je formulieren können. Christentum und Judentum sprechen vom gleichen Gott und teilen die Überlieferungen der Hebräischen Bibel. Dies gilt es zu bedenken, wenn wir im Folgenden nun die Entstehung und Wesenszüge der Schriften des Neuen Testaments betrachten.

Die Zeit Jesu

1. Zur Überlieferung und zur Quellenlage

Für die Zeit Jesu gibt es in ihrer Art und Herkunft vielfältige und ebenso verschiedenartige Quellen. Ein recht gutes Bild der Geschichte des jüdischen Volks ergeben die schon erwähnten Geschichtserzählungen des Flavius Josephus, aber auch verschiedene (Einzel-)Überlieferungen aus dem ganzen griechisch-römischen Kulturkreis. Insbesondere durch die römische Geschichtsschreibung haben wir Kenntnis von den Vorgängen im römischen Reich und den verschiedenen römischen Feldzügen. Hinzu kommt eine reiche archäologische Hinterlassenschaft der Griechen und Römer auch aus Palästina, so dass die weltgeschichtlichen Vorgänge und ihre Auswirkungen auf die Bevölkerung Palästinas sehr gut dokumentiert sind. Wie das jüdische Volk um die Zeitenwende lebte, wissen wir also recht genau.

Völlig anders ist die Situation bezüglich der Lebensgeschichte Jesu. Wohl berichten im Neuen Testament die vier Evangelien ausführlich über das Wirken Jesu. Allerdings hat die Erforschung eben dieser Evangelien deutlich gezeigt, dass sie aus wesentlich späterer Zeit stammen und so eben aus der späteren christlichen Sicht berichten. Sie geben letztlich nicht als Primärquellen die eigentliche Lebensgeschichte des Menschen Jesus wieder, sondern bilden die christliche Verkündigung dieses Jesus als des Messias ab. Man kann die Evangelien also nur nach sorgfältiger Untersuchung und mit der gebührenden Vorsicht zur Rekonstruktion der Lebensgeschichte des Menschen Jesus heranziehen.

Dennoch gibt es auch aus dem ausserchristlichen Schrifttum Zeugnisse dafür, dass die Existenz Jesu als historischer Person als gegeben betrachtet wurde.[139] Der römische Historiker Tacitus bei-

---

[139] Auch in den *Antiquitates* des Flavius Josephus wird Jesus erwähnt, so im Zusammenhang der Steinigung des Jakobus, des Bruders Jesu (*Antiquitates*

spielsweise schreibt zu Beginn des 2. Jahrhunderts über die Christenverfolgung Kaiser Neros und erläutert dabei den Namen «Christen» folgendermassen: *Dieser Name stammt von Christus, den der Procurator Pontius Pilatus unter der Herrschaft des Tiberius zum Tode verurteilt hatte. Dieser abscheuliche Aberglaube, der eine Weile verdrängt worden war, verbreitete sich von neuem nicht nur in Judäa, wo das Übel begonnen hatte, sondern auch in Rom.*[140] Auch wenn der Römer das Christentum hier abfällig kommentiert, zeigt sich doch auch, dass es damals niemandem, auch den entschiedensten Gegnern des Christentums nicht, in den Sinn gekommen wäre, die Existenz Jesu anzuzweifeln. Dies deckt sich auch mit den polemischen Erwähnungen Jesu im Schrifttum des Talmud.

Ausgehend von diesen Quellen lässt sich ein recht detailliertes Bild der Zeit Jesu zeichnen und sein Wirken wie auch sein Sterben in den grösseren Zusammenhang der Zeitgeschichte einordnen.

2. Die geschichtliche Situation

2.1 Herodes und die römische Herrschaft über Palästina

Nachdem 63 v. Chr. der römische Feldherr Pompeius Jerusalem erobert und Judäa besetzt hatte, kam das jüdische Volk unter römische Herrschaft. Nach verschiedensten Wirren, die zum Teil auch mit innenpolitischen Ereignissen in Rom und dem Machtkampf der verschiedenen römischen Feldherren und Politiker[141] in Zusammenhang standen, kam 40 v. Chr. der General Herodes als Herodes I. auf den Thron Judäas. Als Klientelkönig der Römer genoss er eine gewisse Autonomie, stand aber unter römischer Aufsicht und in der Pflicht der Heeresfolge. Herodes und schon sein Vater Antipater hatten es verstanden, in den wechselhaften Wendungen und Machtkämpfen der römischen Geschichte sich immer wieder

---

XX,9.1). Diese Stelle gilt allgemein als authentisch, während die andere Erwähnung (*Antiquitates* XVIII,3.3) unter dem Verdacht steht, von späteren christlichen Abschreibern zu stammen.

140 Tacitus, *Annales* 15,4.

141 Zu nennen sind insbesondere die Zeit des 1. Triumvirats, der Mord an Cäsar 44 v. Chr. und die daraus folgenden Nachfolgewirren.

mit dem richtigen Mann günstig zu stellen. Auf diese Weise hatte Antipater von Cäsar verschiedene Vergünstigungen für das jüdische Volk nicht nur in Judäa, sondern auch im ganzen römischen Reich erhalten, und auch Herodes gelang es, trotz der verschiedenen Machtwechsel immer wieder in seiner Stellung bestätigt zu werden. Hatte sich sein Herrschaftsgebiet zunächst auf das hasmonäische Judäa beschränkt, wurden ihm von Augustus nach und nach weitere Gebiete zugewiesen, so dass er schliesslich weite Teile Palästinas unter seiner Herrschaft vereinigte. Er erhielt darum auch den Beinamen *der Grosse*.

Herodes begann ein gross angelegtes Bauprogramm, er errichtete verschiedene Festungen und gründete Städte nach hellenistischem Vorbild. 20 v. Chr. schliesslich begann er, der eigentlich aus Idumäa stammte und nicht rein jüdischer Herkunft war, mit einem gross angelegten Neubau des Tempels in Jerusalem. Von der Architektur des Hellenismus angehaucht, entstand eine Tempelanlage, die zeitweilig zu den grösseren der Antike gehörte, aber auch erst 63 n. Chr. fertig gestellt werden konnte.

Dass Herodes diese rege Bautätigkeit überhaupt entfalten konnte, zeigt zwar eine wirtschaftliche Blüte Judäas zu seiner Zeit, bedingte aber auch scharfe Steuerlasten, denn Herodes musste ja nicht nur seinen eigenen Finanzbedarf decken, sondern auch den Römern ihren Teil abliefern. So erstaunt es nicht, dass Herodes dem Volk als Usurpator von römischen Gnaden galt, der zudem immer despotischer zu regieren begann. Willkürliche Rechtsprechung und Hinrichtungen waren an der Tagesordnung, und es kam so weit, dass Herodes sogar seine zweite Ehefrau und im Jahr 7 v. Chr. noch zwei eigene Söhne wegen vermeintlicher Umsturzversuche hinrichten liess. Dass man diesem König einen betlehemitischen Kindermord (Mt 2,16–18) zutraute, erstaunt ob dieser Familiengeschichte nicht.

Dennoch ist nicht zu vergessen, dass dank den guten Beziehungen von Herodes' Vater Antipater zu Cäsar und von Herodes selbst zu den römischen Herrschern das Judentum im ganzen römischen Reich freie Religionsausübung und weitgehende Bewegungsfreiheit genoss.

Als Herodes der Grosse 4 v. Chr. starb, wurde sein Reich durch Augustus gemäss dem Testament des Herodes unter die verbliebenen Söhne aufgeteilt, obwohl eine jüdische Gesandtschaft in Rom

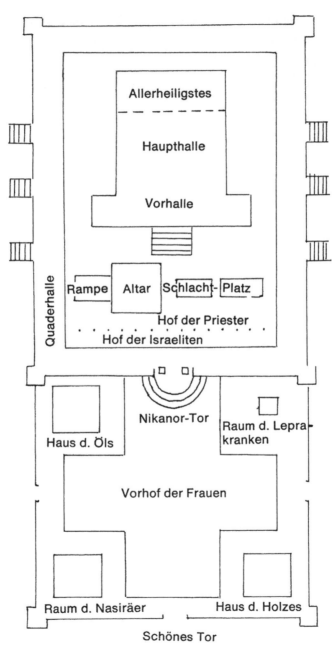

Abb. 19:   Grundriss des herodianischen Tempels

darauf drang, die verhasste Dynastie nicht zu bestätigen. So erhielt Archelaus die Herrschaft über Judäa, Samaria und Idumäa, Antipas jene über Galiläa und Peräa und Philippus die Herrschaft über Gebiete im Osten und Norden des Sees Gennesaret (Trachonitis, Gaulanitis und Auranitis).

Während die Regentschaft des Philippus unangefochten und ruhig bis zu seinem Tode (34 n. Chr.) verlief, sorgten die beiden anderen Herodes-Söhne für mehr Aufregung: Archelaos regierte nicht zur Zufriedenheit der Römer und wurde 6 n. Chr. abgesetzt, Antipas ist uns aus den Evangelien als jener «Herodes» bekannt, der Johannes den Täufer hinrichten liess und zu dem Jesus nach dem Lukasevangelium als seinem Landesherrn zum Verhör überstellt wurde (Lk 23,6–16).

Wegen seiner Niederlage gegen die Nabatäer verlor Herodes Antipas die Unterstützung der Römer und wurde schliesslich 39 n. Chr. von Kaiser Caligula nach Lyon verbannt, als er in Rom um die Verleihung des Königstitels nachsuchte.

Nach der Absetzung von Archelaus wurde Judäa in eine römische Präfektur umgewandelt. Die Bevölkerung war nun zwar von der Willkür der Fürsten befreit, hatte aber fortan die Launen der jeweiligen Statthalter und römischer Steuereintreiber ebenso zu erdulden wie die dauernde Präsenz römischer Legionäre.

Es erstaunt also nicht, dass es gerade in Judäa immer wieder zu Unruhen und Aufständen kam, die in aller Regel gewaltsam niedergeschlagen wurden. Die von Kaiser Augustus 17 v. Chr. verkündete Friedenszeit der *Pax Romana* hatte in der unterworfenen Provinz eben durchaus das konkrete Aussehen der römischen Soldatenstiefel und Lanzen, und viele vermeintliche oder wirkliche Aufständische wurden ans Kreuz geschlagen.

Einen besonders brutalen Ruf genoss diesbezüglich der Statthalter Pontius Pilatus, der von 26–36 n. Chr. in Judäa amtete. Mit Härte und Rücksichtslosigkeit setzte er die römische Macht durch und nahm insbesondere keine Rücksicht auf die religiöse Situation in Judäa: Er brachte etwa römische Feldzeichen nach Jerusalem oder versuchte, die Kaiserverehrung in Judäa zu etablieren. Auf geringsten Widerstand reagierte er brutal (vgl. Lk 13 und die Schilderungen bei Flavius Josephus). Als er seine Legionäre in Samaria einen (fanatisierten?) Pilgerzug durch ein Blutbad beenden liess, sah sich sogar der ihm vorgesetzte syrische Legat Vitellius 36 n. Chr.

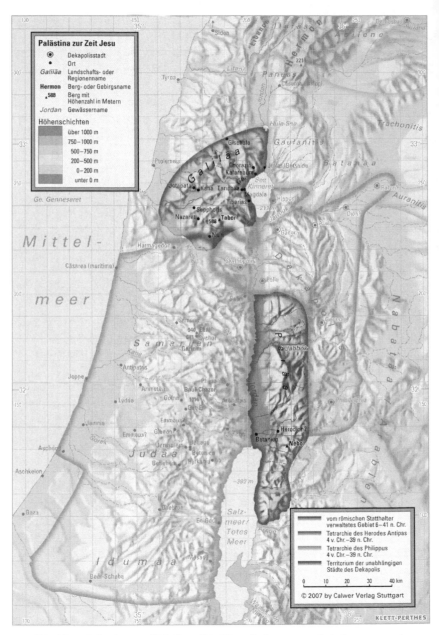

Abb. 20: Palästina zur Zeit Jesu. Die Herrschaftsgrenzen sind eingetragen, der Herrschaftsbereich des Herodes Antipas ist grau unterlegt.

veranlasst, Pilatus abzuberufen und nach Rom zu überstellen, wo dieser sich für seine Amtsführung zu verantworten hatte.[142]

Judäa blieb, vom kurzen Intermezzo der Regierung des Herodes Agrippa 41–44 n. Chr. abgesehen, weiterhin römische Provinz und wurde von verschiedenen Prokuratoren verwaltet. Die Situation spitzte sich gemäss den Schilderungen bei Flavius Josephus immer mehr zu,[143] bis im Jahre 66 n. Chr. der Aufstand des jüdischen Kriegs losbrach. Durch die Wirren nach Neros Tod und die Machtkämpfe des sogenannten Dreikaiserjahrs verzögert,[144] warfen die Römer den Aufstand blutig nieder und zerstörten im Jahre 70 n. Chr. Jerusalem samt dem eben erst fertig gestellten Tempel.

2.2 Gruppierungen im Volk während der römischen Herrschaft

Schon seit der Zeit der Makkabäeraufstände war es unübersehbar, dass das Volk Israel keine geschlossene Einheit darstellte. Flavius Josephus berichtet darum auch von verschiedenen Gruppen oder besser gesagt Bewegungen, die die Kultur und Politik in Judäa und Galiläa bis zum jüdischen Krieg bestimmten.[145] Als grössere solche Bewegungen erscheinen die Sadduzäer, die Pharisäer, die Zeloten und die Essener.

Die *Sadduzäer* waren seit der Mitte des 2. Jahrhunderts vor Christus in der judäischen Gesellschaft etabliert: 144 v. Chr. begegnen sie in der Geschichte als Teil einer Gesandtschaft nach Rom neben Spartanern, Pharisäern und Essenern. Woher ihre Bezeichnung

---

142 Das weitere Schicksal des Pilatus ist unklar, manche Forscher nehmen an, dass er wegen des Thronwechsels von Tiberius zu Caligula in der Übergangszeit sang- und klanglos in der Versenkung verschwand, andere vermuten, er sei nach römischen Gebräuchen zum Selbstmord gezwungen bzw. verurteilt worden.

143 Flavius Josephus, *Antiquitates* XX,11,1 f.

144 Schon 68 n. Chr. brachen im römischen Reich erste Aufstände gegen Nero aus, und nach seinem Tod wurden verschiedene Generäle von ihren Legionen zum Kaiser ausgerufen, so auch Vespasian als Befehlshaber der in Palästina und Ägypten stationierten Legionen. Vespasian unterbrach daraufhin seinen Feldzug gegen die jüdischen Aufständischen. Nachdem er zum allgemein anerkannten Kaiser geworden war, führte sein Sohn Titus den Feldzug zu Ende. Von seinem Sieg über die Juden legt bis heute der Titusbogen in Rom Zeugnis ab.

145 Flavius Josephus, *Antiquitates* XVIII,2–6. Josephus spricht von «Sekten», in unserer Sprache müsste man wohl von religiös-weltanschaulich geprägten Bewegungen oder Parteien sprechen.

genau stammt, ist in der Forschung umstritten. Unbestritten ist
aber, dass die Sadduzäer eine konservative Theologie und Politik
vertraten, insofern sie sich strikte an die alten Überlieferungen der
Hebräischen Bibel hielten und den Tempel als Zentrum von Religion und Politik repräsentierten. Das apokalyptisch geprägte Gedankengut etwa des Danielbuchs war ihnen fremd, den Gedanken
einer Auferstehung der Toten lehnten sie strikte ab (vgl. das Streitgespräch in Lk 20,27ff).

In der Rechtsprechung pflegten die sadduzäischen Schriftgelehrten eine strenge Gesetzesauslegung und erliessen harte Urteile,
weswegen sie im breiten Volk nicht sehr beliebt waren. Die meisten
Sadduzäer gehörten denn auch der Oberschicht, der Priesterschaft
und alten adligen Familien an. Aus ihren Kreisen stammten in der
Regel die Hohepriester am Tempel.

Unter den Gegebenheiten der römischen Verwaltung stellten
die Sadduzäer die Mehrheit im Synhedrion, dem jüdischen Rat, der
unter der Aufsicht der römischen Statthalter die religiöse und zum
Teil die strafrechtliche Rechtsprechung in Judäa ausübte. Die Sadduzäer arbeiteten mit den römischen Besatzern gut zusammen,
solange diese eine stabile Gesellschaftsordnung und die schriftgemässe Durchführung des Tempelkultes garantierten.

Die *Pharisäer* stellten die andere grosse und einflussreiche Partei unter den Juden dar. Abgeleitet vom aramäischen *parasch* (trennen) meint die Bezeichnung «Pharisäer» jene, die sich von Sünde
und Verunreinigung «abtrennen» beziehungsweise fernhalten. Die
Pharisäer vertraten das ethische Ideal der Reinheit des Gottesvolks
und waren von daher bestrebt, mit peinlich genauer Schriftauslegung Reinheit *und* Gerechtigkeit im Alltag des Gottesvolks zu
sichern. Sie rechneten auch mit einem Fortleben der Seele nach
dem Tod und einer Auferstehung der Toten. In der konkreten
Rechtsprechung waren pharisäische Schriftgelehrte milder und sozialer eingestellt als die sadduzäischen, und darum im Volk auch
beliebter. Den Römern gegenüber vertraten die meisten der Pharisäer eine kritische Distanz: keine Kollaboration, aber auch kein
Aufstand.

Auch während des jüdischen Kriegs hielten sich die Pharisäer
zurück, so dass nach 70 n. Chr. ein Wiederaufbau der jüdischen
Gemeinschaft vor allem unter der Führung der überlebenden pharisäischen Gelehrten von den Römern toleriert wurde.

Aus der pharisäischen Schriftgelehrsamkeit stammen die Aus-
legungsmethoden und die Literaturformen des Judentums nach 70
n. Chr., wie wir sie aus dem Talmud und dem Midrasch kennen.
Im Neuen Testament erscheinen die Pharisäer immer wieder als
Gegner Jesu, die eine menschenfeindliche Gesetzlichkeit pflegten.
Im pharisäischen Verständnis allerdings ging es eben gerade um ein
gutes Leben durch die peinlich genaue Beachtung des Gesetzes.

Auch von den *Essenern* berichtet Flavius Josephus. Es scheint,
dass diese Gemeinschaft sowohl über das ganze Land verteilt in
kleinen Gruppen als auch in einer Art mönchischen Gemeinschaft
in Qumran am Toten Meer lebte. Nach der in Qumran gefundenen
«Sektenregel» führten die Essener ein auf strengste Reinheit be-
dachtes Leben und beseitigten mit täglichen Waschungen den
Schmutz der Welt. Offenbar entstand die essenische Gemeinschaft
in der Mitte des 2. Jahrhunderts vor Christus aus einem Konflikt
um den Tempelkult, der ihnen als verunreinigt galt. Sie lebten im
Bewusstsein, allein die Reinheit des Glaubens und des Kults bewahrt zu haben, und erwarteten einen kommenden Endkampf im
Weltgericht, in dem sich die Söhne der Finsternis und die Söhne des
Lichts gegenüberstehen würden. Obwohl die Essener ein Welt-
gericht erwarteten, stand in ihrer Theologie keine Erlösergestalt im
Zentrum.[146]

Die *Zeloten* («Eiferer») repräsentierten die Volksgruppe, die
den gewaltsamen Widerstand gegen die Römer vertrat. Als Wider-
standskämpfer verübten sie Überfälle auf römische Soldaten und
Händler ebenso wie auf kollaborierende Juden. Religiös scheinen
sie von der Erwartung des baldigen Kommens des Messias, der die
Römer mit Gewalt aus dem Land jagen würde, geprägt gewesen zu
sein. Sie gehörten wohl überwiegend auch der armen Bevölkerung
an, die unter der Besatzung am meisten zu leiden hatte. Den Römern galten sie als Banditen, und sie wurden mit Gewalt verfolgt.
Viele Zeloten starben im Kampf oder am Kreuz.

Neben diesen grossen Bewegungen, die in ganz Judäa und Galiläa vertreten waren, gab es auch verschiedene kleinere Gruppen,
die sich um Führergestalten bildeten und manchmal auch wieder
zerfielen. Ein aus dem NT bekanntes Beispiel dafür (vgl. Mk 1,2–8

---

146 Vgl. zum Ganzen H. Stegemann, *Essener*. Allein diese Fakten zeigen schon,
dass entgegen heute so beliebter Thesen Jesus kein Essener war.

parr) ist die Gruppe um Johannes den Täufer, der etwa um 28/29
n. Chr. als Prediger am Jordan auftrat, Anhänger um sich scharte
und zur Umkehr aufrief. Auch Jesus liess sich von Johannes taufen,
trennte sich aber bald wieder von ihm. Nach Mt 14,1–12 wurde
Johannes von Herodes Antipas hingerichtet.

Schliesslich ist nochmals auf die Samaritaner hinzuweisen, jene
Glaubensgemeinschaft in der Region von Samarien, die mit dem
Judentum die Tora teilte, aber auf dem Berg Garizim einen eigenen
Tempel besass. Die Samaritaner galten den Juden als unrein und
hatten auch sonst einen schlechten Ruf.

2.3. Zur sozialen Lage

Nach all den Jahrzehnten Krieg und Besatzung waren Judäa und
Galiläa Landstriche geworden, in denen viele arme Menschen lebten. Als Kleinbauern oder Tagelöhner mussten sie sich durchschlagen, während eine dünne Schicht von Grossgrundbesitzern und
Händlern an den Vorzügen der griechisch-römischen Welt ihren
(lukrativen) Anteil hatten. Es erstaunt darum nicht, dass in Judäa
dauernd latente Unruhe herrschte und viele der bedrängten Menschen sehnlich auf das Kommen des Messias warteten. So hatte gerade die zelotische Bewegung auch immer wieder neuen Zulauf
und in den unwegsamen Berggebieten vielerlei Schlupfwinkel und
Unterstützung.

3. Jesus

In dieser gespannten Zeit tritt Jesus in Erscheinung. Für die Frage
nach der Lebensgeschichte Jesu ist es nun eben gerade eine grosse
Schwierigkeit, dass die Evangelien aus der Sichtweise des Christentums späterer Zeit von Jesus als dem Messias sprechen und nicht
eigentlich eine Biografie des Menschen Jesus bieten. Die lange Zeit
mit Eifer betriebene Forschung nach dem Leben Jesu musste deshalb irgendwann an ihre Grenzen stossen.[147] Dennoch lässt sich,
gerade auch aufgrund neuerer Kenntnisse über die geschichtliche

---

147 Schon Albert Schweitzer hatte – noch als Theologieprofessor – die Schwierig-
    keiten dieser Forschungsrichtung benannt.

Situation im antiken Judäa und die Entstehung des Neuen Testaments, zumindest ein plausibler Rahmen der Lebensgeschichte Jesu bestimmen.[148]

Markus- und Johannesevangelium enthalten keine eigentliche Geburtsgeschichte, Jesus erscheint einfach als Sohn des Zimmermanns Josef und seiner Frau Maria aus Nazaret. Nur das Matthäusevangelium und das Lukasevangelium enthalten Geburtsgeschichten Jesu (Mt 2 und Lk 2), die allerdings nicht übereinstimmen und eher den Eindruck späterer Legende erwecken. Einigkeit besteht immerhin darüber, dass Jesus in den letzten Regierungsjahren des Königs Herodes geboren wurde, also etwa um 5/4 v. Chr.[149] Interessant ist die Stelle Mk 6,3, wo Jesus als «der Zimmermann, der Sohn der Maria und der Bruder des Jakobus, des Joses, des Judas und des Simon» bezeichnet wird und zugleich Schwestern erwähnt werden.

Offenbar wuchs Jesus (wohl als ältester Sohn) im Kreise seiner Familie in Nazaret auf und erlernte wie sein Vater Josef das Handwerk des Zimmermanns. Dabei ist zu beachten, dass damals ein Zimmermann nicht nur mit Holz, sondern auch mit allerlei anderen Baumaterialen umging. In griechischen Texten erscheinen Zimmerleute auch beim Bau von Kanälen und Schleusen. Man müsste vielleicht darum eher von einem Baufachmann sprechen. Da Nazaret damals eine kleine Ortschaft in Galiläa war, ist wohl wahrscheinlich, dass Josef und sein Sohn auch in der weiteren Umgebung ihren Beruf ausübten und dabei mit verschiedensten Bevölkerungsschichten in Berührung kamen. Auch ist anzunehmen, dass Jesus zu jenem Teil der Bevölkerung gehörte, die lesen und schreiben konnte – anders wären seine Schriftauslegungen (z. B. Lk 4,14ff) in der Synagoge kaum zu verstehen.

Als Mann von etwa 30 Jahren (vgl. Lk 3,23) verliess er seine Familie,[150] schloss sich zunächst Johannes dem Täufer an, von

---

148 Vgl. dazu Gerd Theissen und Annette Merz, *Der historische Jesus.*

149 Hierzu ein Hinweis zur Zeitrechnung: Zur Zeit Jesu rechnete natürlich niemand in den Kategorien unseres gregorianischen Kalenders. Der Entscheid, die Geburt Jesu als Ausgangsdatum des Kalenders zu nehmen, ist eine zutiefst christliche Entscheidung späterer Zeit. Der Mönch Dionysius Exiguus errechnete zu Beginn des 6. Jahrhunderts die christliche Zählung ab Christi Geburt. Die kleine Differenz zwischen seiner Zählung und den Ergebnissen moderner Geschichtsschreibung ist unübersehbar, aber für die Sache nicht wesentlich.

150 Hierzu ist zu bemerken, dass weder in den Evangelien noch in den Legenden der Alten Kirche irgendetwas über eine Ehefrau Jesu oder gar Nachfahren Jesu

dem er sich taufen liess (Mk 1,9ff), wirkte aber bald selber und unabhängig als Prediger besonders in Galiläa. Nach den verschiedenen Erzählungen der Evangelien scheinen Kafarnaum, das kleine
Städtchen am See Gennesaret, und weitere Ortschaften in Galiläa
eine Art Mittelpunkt seines Wirkens gewesen zu sein. Als heimatlo-
ser Wanderprediger zog er durchs Land, sammelte Anhänger um
sich, unter denen die Auswahl der zwölf Jünger mit Petrus an der
Spitze besonders hervortrat. Auffällig ist, dass er im Gegensatz zu
anderen Lehrern seiner Zeit auch Frauen um sich scharte.

In seinen Predigten[151] fallen verschiedene Elemente besonders
auf: Einerseits predigte auch er im Gefolge jüdischer Gottesvorstel-
lungen den Gott, der die Welt zur Rettung der Armen und Schwachen verändern würde, und rief zur Umkehr auf, wandte sich aber
besonders auch jenen zu, die vor der Welt als Versager und Sünder
galten: Im Gegensatz zu anderen Predigern und Lehrern seiner
Zeit suchte er Gemeinschaft mit Zöllnern, Prostituierten und Sündern. Im Zentrum seiner Ethik stand das Gebot der Nächstenliebe,
die er in der Bergpredigt zur Feindesliebe ausweitete.

In seinen Predigten verwandte er oft die Form des Gleichnisses,
kleiner Erzählungen, die die Forderung des nahenden Reiches Gottes verdeutlichten. Zugleich wirkte er offensichtlich auch als charis-
matischer Heiler, dessen Wundertätigkeit sich bald herumsprach.

Er erregte mit seinem Wirken Aufmerksamkeit und Widerspruch zugleich. Die verschiedenen Streitgespräche in den Evangelien zeigen, wie er oft gerade mit den Pharisäern, mit denen er
sonst viele Anschauungen teilte,[152] in Bezug auf die Gesetzesauslegung in Widerspruch geriet.

Höchstwahrscheinlich im Frühjahr des Jahrs 30[153] begab er
sich mit seinen Jüngern zum Passafest nach Jerusalem, wo er von

---

zu finden ist. Als Angehörige Jesu werden immer nur seine Mutter und seine
Geschwister genannt, später auch die Jünger und die Frauen in seiner Anhän-
gerschaft. Die publikumswirksam inszenierte Theorie von Nachkommen Jesu
(vgl. *Sakrileg* von Dan Brown) kann so getrost ins Reich moderner Fiktionen
und Verschwörungstheorien verwiesen werden.

151 Zur Lebensgeschichte und Verkündigung vgl. auch G. Bornkamm, *Jesus von Na-
     zareth*; D. Marguerat, *Der Mann aus Nazareth*; J. Gnilka, *Jesus von Nazaret*.

152 Jesus wie die Pharisäer wollten letztlich das gesamte Leben vom Willen Gottes
     her durchdringen und gestalten, waren sich aber über den Weg dazu nicht einig.

153 Dies ergibt sich aus der Korrelation des jüdischen Kalenders mit den chronolo-
     gischen Angaben der Evangelien und unserem gregorianischen Kalender. Dem-

einem Teil der Bevölkerung freudig begrüsst (vgl. Mt 21), von anderen aber mit Ablehnung erwartet wurde. Im Tempel kam es dann zum Vorfall, der in den Evangelien als «Tempelreinigung» (Mt 21,12ff) erwähnt wird.

Wahrscheinlich aufgrund dieses Vorfalls und seiner Kultkritik sah sich die sadduzäische Priesterschaft veranlasst, gegen Jesus vorzugehen und ihn dem Statthalter Pontius Pilatus zu überstellen, der Jesus am Morgen des 7.4.30 unter der Anklage des Aufstands ans Kreuz schlagen liess.

Über die genauen Umstände des Prozesses Jesu gibt es viele Theorien und Vermutungen, letztlich wird man die exakten Abläufe nicht mehr sicher rekonstruieren können.[154] Sicher ist, dass der römische Statthalter das Todesurteil aussprach und vollziehen liess, und dieses Vorgehen vom Hohepriester Kajafas unterstützt wurde. In den Nachmittagsstunden des 7.4. starb Jesus, von den meisten seiner Jünger alleingelassen, am Kreuz und wurde in aller Eile vor dem Passafest bestattet.

Die Evangelien schildern einen Pilatus, der eher zögerlich dem Wunsch der Priesterschaft nachgibt, doch wird man nach allem, was wir sonst über Pilatus wissen, davon ausgehen müssen, dass er einen Aufruhr am Passafest fürchtete und nicht zögerte, einen potentiellen Aufrührer hinzurichten. Dass diesbezüglich, spätestens seit dem Vorfall im Tempel, die Interessen des Hohepriesters sich mit jenen des Statthalters deckten, versteht sich ebenfalls von selbst, und dass die Tempelpolizei des Nachts in aller Stille Jesus verhaftete und vor der Überstellung an Pilatus dem Hohen Rat vorführte, ist einleuchtend.

Die besonders das jüdische Volk belastende und Pilatus entlastende Schilderung der Evangelien dürfte aber ein Überlieferungsstadium spiegeln, in dem die Christenheit um das Verständnis der Römer warb und darum den «Schwarzen Peter» der Schuld am Tod Jesu lieber dem Hohepriester und seiner Umgebung zuspielte.

Am dritten Tag erschien Jesus seinen Anhängern, die sein Grab leer vorfanden. Auch diese Auferstehung Jesu lässt sich historisch

---

nach müsste der 14. Nisan ein Freitag und das Passafest ein Samstag gewesen sein. Dies trifft für die Jahre 30 und 33 zu, wobei dem Jahr 30 aufgrund weiterer Faktoren die grösste Wahrscheinlichkeit zukommt (vgl. dazu Theissen/ Merz, *Der historische Jesus*, S. 152ff).

154 Vgl. zum Ganzen Theissen/Merz, *Der historische Jesus*, S. 388ff.

nicht eindeutig fassen, da ja Geschichtsschreibung immer auch mit Analogieschlüssen arbeitet. Die Auferstehung ist nun aber analogielos, und darum kaum fassbar. Sicher aber ist, dass die Anhänger Jesu Erscheinungen erlebten, die sie zur Ausbreitung seiner Botschaft befähigten: Das Christentum entstand.

Letztlich hatte sich an der Person Jesu schon von seinem ersten öffentlichen Auftreten an die Frage entzündet, wer er denn nun sei. Für die einen war er der erhoffte Messias, die anderen sahen in ihm einen falschen Propheten oder wandten sich von ihm ab, als er ihre Erwartungen enttäuschte. Und letztlich fragen wir bis heute immer wieder neu, wer denn dieser Jesus ist.

Der Apostel Paulus

1. Zur Quellenlage

Nachdem an Ostern und danach Jesus seinem Anhängerkreis mehrfach erschienen war, beginnt eigentlich die Geschichte des Christentums, jedenfalls insofern sich nun eine Gruppe von Menschen bildete, die Jesus als den Messias bekannten und sich damit von der Lehrmeinung ihrer jüdischen Glaubensgemeinschaft trennten. Die Quellen über diese erste Urgemeinde wie auch die ersten Jahrzehnte des Christentums sind recht dürftig. Die Apostelgeschichte berichtet in ihren ersten Kapiteln vom Leben der ersten Christen, doch ist diese Schilderung rund 50 Jahre später entstanden und entwirft offensichtlich zum Teil in der Rückschau ein idealisiertes Bild. Aus dem weiteren Umfeld des Christentums sind für die fragliche Zeit auch keine Überlieferungen erhalten. Primärquellen im eigentlichen Sinne sind dann erst wieder in den Briefen des Paulus zu finden, der aber selbst nicht Teil der ersten Gemeinde in Jerusalem war. Diese dürftige Quellenlage darf allerdings nicht erstaunen, waren doch die ersten Anhänger Jesu nicht Schriftgelehrte, sondern Menschen, die aus relativ einfachen Verhältnissen in Judäa und Galiläa stammten – von Petrus als einer zentralen Gestalt der Urgemeinde wissen wir ja, dass er von Beruf Fischer gewesen war. Grosse schriftliche Zeugnisse sind aus diesem Kreis kaum zu erwarten. Und auch die jüdische bzw. griechisch-römische Gesellschaft nahmen ihrerseits die ersten Christen kaum wahr, erst als die Christenheit eine gewisse Grösse und Verbreitung erreicht hatte, erschien sie etwa in der Verfolgung durch den Kaiser Nero im Jahr 64 n. Chr. im Licht der römischen Öffentlichkeit. Bis dahin mussten die Christen der römischen Welt als eine Gruppe innerhalb des Judentums erscheinen, derentwegen es manchmal zu Streitereien kam. Der römische Historiker Sueton beispielsweise berichtet, dass Kaiser Claudius 49 die Juden aus Rom vertrieb, wegen des Aufruhrs den ein gewisser «Chrestos» verursachte.[155] Man wird annehmen dürfen, dass damit ein Aufruhr gemeint ist, der wegen der Verkündigung von Jesus als dem Christus entbrannte.

2. Zu den geschichtlichen Vorgängen

Aus der geschilderten Quellenlage ergibt sich, dass wir letztlich über das Leben der ersten Christen nichts Genaues wissen. Aufgrund von Hinweisen aus der Apostelgeschichte kann man annehmen, dass nach Ostern und Pfingsten die Anhänger Jesu sich sowohl um Petrus und die Zwölf geschart in Jerusalem sammelten als auch von da aus eine Predigt- und Missionstätigkeit begannen. Petrus, der Herrenbruder Jakobus und der Zebedaide Jakobus scheinen die zentralen Gestalten im Leben der Urgemeinde gewesen zu sein.

Die Missionstätigkeit der ersten Christen hat, höchstwahrscheinlich über die Kanäle der jüdischen Diaspora, sehr bald auch andere Städte im Orient erreicht, bald schon gab es Gemeinden in Antiochia und Damaskus. Paulus selbst berichtet im Galaterbrief (Gal 1) davon, dass er nach seiner Begegnung mit dem Auferstandenen in Damaskus Christen fand, und dies schon ca. 32–35 n. Chr.

Diese ersten Gemeinden scheinen sich zunächst innerhalb des Judentums gebildet zu haben, doch stiessen bald schon Menschen nichtjüdischer Herkunft zu den Gemeinden. Dies hatte letztlich auch den Grund, dass das Judentum im römischen Reich den Status einer «erlaubten Religion» genoss und sich bis zum jüdischen Aufstand 66 n. Chr. grosser Achtung erfreute. So fanden sich im Umfeld der Synagogen viele Griechen und Römer als sogenannte Gottesfürchtige, die zwar unbeschnitten blieben und den Speise- und Reinheitsgeboten der Tora nicht unterstanden, aber am Leben der jüdischen Gemeinschaft teilnahmen und ihren Gottesglauben teilten. Die «liberalen» jüdischen Gemeinden der Diaspora hatten sich damit einigermassen arrangiert, die gesetzestreueren judäischen Gemeinden waren mit dem Problem kaum konfrontiert, bis sich plötzlich Griechen der christlichen Urgemeinde in Jerusalem anschlossen und aus christlicher Sicht das Gesetz als entbehrlich kritisierten.

---

155 Sueton, *Vita Claudii* 25

Die Hinrichtung des Griechen Stephanus als des ersten Märty-
rers der Christenheit, der Tempel und Gesetz kritisiert hatte (vgl.
Apg 7), dürfte in diesem Zusammenhang zu sehen sein, solange
noch keine scharfe Trennung zwischen Judentum und Christenheit
erfolgt war. Jahre später noch suchte gemäss Apg 21,18ff beispielsweise Paulus den Tempel in Jerusalem zusammen mit anderen
Christen auf.

Diese Frage des Verhältnisses von Christen jüdischer und nichtjüdischer Herkunft sollte die junge Christenheit weiter beschäfti-
gen, erst recht als durch Paulus immer mehr nichtjüdische Menschen zur Christenheit zählten.

Zugleich ist anzunehmen, dass diese Entwicklung auch den
Druck der jüdischen Gemeinden auf die christlichen Gruppen er-
höhte: Da war gewiss die Angst vor Irrlehre und mangelnder Gesetzesbeachtung, aber wohl auch die Sorge, wegen der Nähe zu
Anhängern eines unter der Anklage des Aufstandes Hingerichteten
das Missfallen der römischen Herren zu erregen. Nach Hinweisen
in der Apostelgeschichte wie auch bei Paulus scheint es mehrmals
vorgekommen zu sein, dass die Verantwortlichen der Synagogen
die (römische) Obrigkeit als Schutzmacht gegen christliche Missionare anriefen.

Alles lief also auf eine zunehmende Abgrenzung zwischen Judentum und Christentum hinaus. Letzteres hatte zudem in seinen
eigenen Reihen die Frage des Verhältnisses zwischen Christen jüdischer und nichtjüdischer Herkunft zu klären.

3. Der Apostel Paulus

Eine wichtige Figur in der Geschichte des frühen Christentums war
der Apostel Paulus. Aus seinen Briefen erfahren wir einige bio-
grafische Fakten, am deutlichsten in Gal 1f, hinzu kommen die
Berichte und biografischen Notizen über Paulus in der Apostelgeschichte, die ab Kapitel 13 praktisch ausschliesslich seine Missionstätigkeit schildert. Aus alledem ergibt sich ungefähr das
folgende Bild:

Paulus wurde um die Jahrhundertwende als Sohn einer jüdischen Familie in der Stadt Tarsos am Fusse des Taurusgebirges in
Kleinasien geboren. Tarsos war damals eine blühende Handels-

und Bildungsstadt, so dass Paulus (mit Saulus als jüdischem Zweit-
namen) sowohl die jüdische Schulung durchlief als auch hellenistische Bildung und Kultur erwarb. Nach Phil 3,5 bezeichnete er sich
selbst als Pharisäer, hatte also die Prinzipien pharisäischer Lebens-
führung und Schriftgelehrsamkeit angenommen. Als solcher kam
er nach Jerusalem, wahrscheinlich um sich bei den Schriftgelehrten
weiterzubilden.

Auf einer Mission nach Damaskus – kaum als eigentlicher Verfolger des Christentums, sondern eher als Abgesandter der Jerusalemer Schriftgelehrten zur Stärkung der jüdischen Diaspora-Ge-
meinden gegen die Ketzerei – erschien ihm der Auferstandene (vgl.
Gal 1f; 1Kor 11).

Durch diese Erscheinung wandte sich Paulus dem Christentum
zu und wurde durch den Aufenthalt bei Christen in Damaskus zum
christlichen Missionar. Nach seiner eigenen Darstellung begab er
sich zunächst für ungefähr drei Jahre in die Gegend des heutigen
Jordanien, bevor er nach Antiochia kam. Antiochia wurde für Paulus zur Basis seiner Mission unter den «Heiden», also den Menschen nichtjüdischer Abstammung, von denen er keine Beschneidung forderte.

Wie seine Missionstätigkeit konkret aussah, schildert sehr
schön die Erzählung über die Mission in Pisidien Apg 13,13ff: Paulus und seine Gefährten kommen am Sabbat in die Synagoge, er-
greifen dort nach Möglichkeit das Wort und predigen das Evangelium. Wie Lukas es schildert, fand diese Verkündigung besonders
auch unter den «Heiden», also den als «Gottesfürchtige» um die
Synagoge gescharten Nichtjuden Wiederhall. Zugleich ist auch
deutlich sichtbar, dass die christliche Verkündigung in der Synagoge Widerspruch erregte und die Verantwortlichen der jüdischen
Gemeinde bei der städtischen Oberschicht Hilfe holten, um die un-
liebsamen Missionare loszuwerden.

Nach diesem Muster dürfte die urchristliche Mission an den
meisten Orten abgelaufen sein. Der Erfolg des Paulus unter den
«Heiden» und sein Verzicht auf das Gebot der Beschneidung und
die Beachtung der Reinheitsgesetze führte aber auch bald zu Kon-
troversen zwischen der Christenheit jüdischer Herkunft und jener
griechischer Herkunft.

Paulus selbst berichtet in Gal 2 von seinem Besuch in Jerusalem
am sogenannten Apostelkonzil (ca. 48/49 n. Chr.), wo zwischen

ihm und der Leitung der Urgemeinde eine Einigung in dieser Frage gesucht wurde. Nach der Darstellung des Paulus in Gal 2,6–9 wurde seine Verkündigung ohne Auflagen anerkannt, nach der Schilderung des Lukas in Apg 15,22ff wurde die Auflage gemacht, dass auch Heidenchristen sich des Genusses von Götzenopferfleisch[156], Blut und erstickten Tieren enthalten sowie von Unzucht fernhalten sollten. Da nicht anzunehmen ist, dass Paulus in seinem Konflikt mit judenchristlichen Missionaren[157] in Galatien eine Geschichtsverdrehung hätte helfen können, dürfte seine eigene Darstellung zutreffender sein und die Weisung der Apostelgeschichte ihrerseits der Praxis in vielen durchmischten Gemeinden entsprechen, die Christen jüdischer wie nichtjüdischer Herkunft die Tischgemeinschaft (Abendmahlsfeiern!) erlaubte.

Auch nach dem Apostelkonzil wirkte Paulus weiterhin in den hellenistisch geprägten Gebieten Kleinasiens und Griechenlands. Die Apostelgeschichte gliedert seine von Antiochia aus begonnene Missionstätigkeit in vier Reisen, deren Route wir in fast allen Bibelausgaben wiedergegeben finden. Anzunehmen ist allerdings, dass diese Reisen nicht so geradlinig verliefen wie Lukas sie schildert, sondern verschiedenste Wendungen nahmen und Paulus sich mehrmals an den einzelnen Orten aufhielt.

Mit den Gemeinden, die er gegründet hatte, blieb er in Kontakt, besonders auch durch Briefe. Im Neuen Testament ist eine Reihe von Briefen des Paulus an seine Gemeinden enthalten, wobei diese Briefe offenbar nur einen Teil der gesamten Korrespondenz ausmachen. Der 1. und der 2. Korintherbrief sind nach den Ergebnissen moderner Forschung Ausdruck eines längeren Briefwechsels: Es scheint, dass der 1. Korintherbrief wohl weitgehend ganz als Brief nach Korinth gesandt worden war, im 2. Korintherbrief des NT aber letztlich Auszüge aus drei verschiedenen Briefen an die Korinther zu einer Schrift zusammengestellt wurden.

Die Briefe des Paulus spiegeln überwiegend die Fragen und Anliegen, auch manchmal Konflikte, der eben erst entstandenen Ge-

---

156 D. h. Fleisch von Tieren, die im Kult der griechisch-römischen Tempel geopfert und deren Fleischstücke anschliessend auf dem Markt verkauft wurden. Da in vielen Städten die Tempel geradezu die Funktion von Schlachthäusern hatten, ein nicht immer einfach zu erfüllendes Gebot.

157 Nach dem Inhalt des Galaterbriefs zu schliessen, ging es eben gerade um die Fragen der Gesetzesbeachtung!

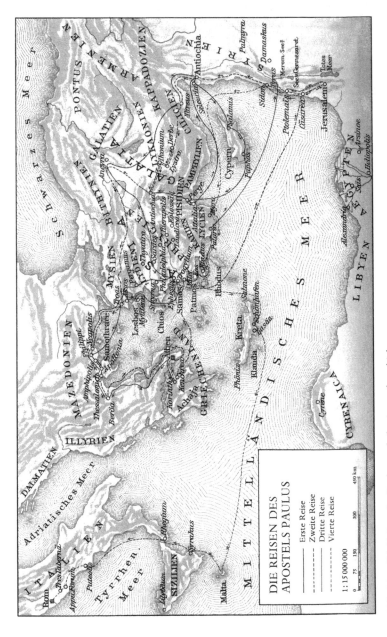

Abb. 21:   Die Reisen des Paulus nach der Apostelgeschichte

meinden wider. Als Beispiel sei etwa die Situation in Korinth erwähnt, in der sich verschiedene Gruppen gegenüberstanden und die Einheit der Gemeinde sehr gefährdet erschien. Und ebendieser Gemeinde schrieb Paulus dann die langen Kapitel über die verschiedenen Gaben im Leib Christi und die Liebe als zentrales Element christlichen Glaubens (1Kor 12f).

Die einzelnen Stationen der Reisen des Paulus und die genauen Abfassungszeiten seiner Briefe lassen sich nicht immer exakt angeben. Aufgrund der aufgefundenen Inschrift des Statthalters Gallio in Korinth und dessen Erwähnung in Apg 18 kann man den ersten Aufenthalt des Paulus in Korinth etwa auf die Zeit vom Winter 49/50 bis Sommer 51 n. Chr. datieren. Später hielt sich Paulus etwa zweieinhalb Jahre in Ephesus auf (52–55 n. Chr.), bevor er nach einer erneuten Reise nach Mazedonien und Griechenland (55/56) im Jahre 56 n. Chr. nochmals nach Jerusalem reiste. Beim Apostelkonzil war ihm das Sammeln einer Kollekte (Gal 2,10) zugunsten der Urgemeinde aufgetragen worden, von der wir auch in seinen Briefen immer wieder hören (z. B. 2Kor 8). Bei seinem Aufenthalt in Jerusalem wurde er verhaftet und nach langer Wartezeit schliesslich (58 n. Chr. ?) nach Rom überführt (die vierte Reise in der Zählung der Apostelgeschichte). Man darf sich diese Überführung nicht als einen Gefangenentransport in Ketten vorstellen, aber auch nicht als eine Reise, bei der Paulus volle Bewegungsfreiheit genoss. Nach zweijähriger Gefangenschaft soll er (ca. 60 n. Chr.) in Rom den Märtyrertod gestorben sein.

In diese Lebensgeschichte lassen sich die authentischen Paulusbriefe etwa wie folgt einordnen:

- 50: 1. Thessalonicherbrief (als älteste Schrift des Neuen Testamentes!)
- ca. 54: Galaterbrief
- 54/55: der grösste Teil der Korrespondenz mit Korinth (1Kor, Teile des 2Kor).
- 54/55: die Gefangenschaftsbriefe: Philipper und Philemon
- 55/56: der Rest der Korrespondenz mit Korinth und der Römerbrief

Ausser dem Römerbrief wenden sich diese Briefe jeweils an Gemeinden, die Paulus auf seinen Missionsreisen gegründet hatte. Der Römerbrief jedoch diente dem Zweck, eine Reise nach Rom vorzubereiten, die Paulus die Basis für weitere Missionstätigkeit im Westen des römischen Reichs bieten sollte. Da Paulus – gerade auch wegen seiner Konflikte mit der Urgemeinde in Jerusalem – in der Christenheit nicht nur Freunde hatte, versucht er sich mit dem Römerbrief der römischen Gemeinde darzustellen und seine Theologie zu erläutern. Der Römerbrief ist so ein sehr theologischer Brief geworden, in dem Paulus sein Verhältnis zum Gesetz und sein Verständnis der christlichen Botschaft entfaltet. Breiten Raum nehmen in den ersten Kapiteln (2–8) die Darstellung seiner Rechtfertigungs- und Gnadenlehre und des Verhältnisses zum Judentum (9–11) ein. Diese Texte sollten in der Reformationszeit zur Grundlage reformatorischer Theologie werden.

Sehr verkürzt kann man formulieren, dass Paulus ein Christentum vertritt, das auf die alttestamentliche Gesetzgebung der Tora weitgehend verzichtet, weil es das Heil in der Person Jesu als des Christus erkennt. Das Gesetz zeige doch nur, dass alle Menschen fehlbar sind, durch Jesus aber mit Gottes Gnade beschenkt werden, wenn sie sich ihm ganz und gar anvertrauen. Wer sich auf diese Liebe Gottes einlässt, wird allerdings auch bestrebt sein, Gutes zu tun und Böses zu meiden, auch wenn Paulus sich über die diesbezüglichen Fähigkeiten der Menschen keinen Illusionen hingibt.

Paulus hat es als hellenistisch geschulter jüdischer Schriftgelehrter verstanden, grundlegende Aussagen jüdischen Gottesglaubens und die christliche Botschaft von Jesus als dem Christus in die griechisch geprägte Welt hineinzutragen. Dazu gehören so revolutionäre Aussagen wie jene von Gal 3,28, dass in Christus keine Unterschiede mehr bestehen zwischen Frauen und Männern, Juden und Christen, Sklaven und Freien. Mit dem Verzicht auf die Unterwerfung unter die Tora öffnete er allen Menschen einen einfachen Zugang zum Christentum und damit auch zum Glauben an den Gott der Hebräischen Bibel wie des Neuen Testamentes. Diese Leistung des Paulus kann wohl nicht hoch genug eingeschätzt werden.

So erstaunt es auch nicht, dass unter seinem Namen weitere Briefe geschrieben wurden – wohl von Christen, die aus seinen Gemeinden stammten und sich als seine Schüler sahen. Es sind dies die Pastoralbriefe (1. und 2. Timotheusbrief, Titusbrief), wahrscheinlich der Epheser- und höchstwahrscheinlich auch der Kolosserbrief sowie der 2. Thessalonicherbrief. Diese Briefe verraten durch sprachliche und zeitgeschichtliche Gegebenheiten, dass in der Tradition paulinischer Theologie auf neue Fragen reagiert wurde.

Da dieses Vorgehen in der Antike durchaus üblich war und ein «Autorenrecht» nach modernen Massstäben nicht bekannt war, sollte man diese Briefe nicht als blosse Fälschungen abtun, sondern als Weiterentwicklung des paulinischen Denkens in späterer Zeit verstehen.

Durch das Werk des Paulus und seiner Schüler war das Christentum aus Palästina und Syrien heraus in die griechische Welt hineingekommen, es hatte Darstellungen gefunden, die auch dem philosophischen Denken der hellenistischen Zeit entsprechen konnten. Vielleicht kann man sogar sagen, dass eine erste Übersetzung des Christentums in eine anders geprägte Kultur als die seines Ursprungslandes gelungen war. Bald sollten sich im ganzen Mittelmeerraum christliche Gemeinden finden, woran Paulus einen grossen Anteil hatte.

Die Evangelien nach Markus,
Matthäus und Lukas

1. Die Quellen

Die Quellen für die Geschichte des Christentums nach Paulus sind recht spärlich. Ausser einigen abfälligen Bemerkungen römischer Geschichtsschreiber und wenigen Hinweisen im Neuen Testament selbst gibt es keine eigentlichen Quellen. Frühchristliche Schriften wie der 1. und der 2. Clemensbrief, die Briefe des Ignatius von Antiochien oder die Kirchengeschichte des Eusebius von Caesarea berichten dann ebenfalls bereits aus späterer Zeit.

Dennoch gibt es im NT Hinweise auf die Existenz heute verlorener Schriften aus frühchristlicher Zeit. Im Markusevangelium wird etwa eine «Lehre Jesu» erwähnt (Mk 4,2.30ff; 12,38ff) und Paulus spricht in seinen Briefen mehrmals von einer Sammlung von «Herrenworten» (1Thess 4,15ff; 1Kor 7,10f; 9,14; 11,23ff), die ihm in mündlicher oder schriftlicher Form zugänglich war. Hinweise auf die Fragestellungen der Christenheit finden sich zudem auch in den Evangelien des Matthäus, Markus und Lukas, die alle drei zwischen ca. 70 und 90 n. Chr. entstanden sind.

2. Zur geschichtlichen Situation

In den Jahren nach Christi Tod hatte sich das Christentum durch das Wirken der verschiedensten Missionare und Apostel weit verbreitet. Wenn Kaiser Nero im Jahr 64 n. Chr. Christen verfolgen lassen konnte und Paulus schon Jahre zuvor einen Brief an die Römer verfasst hatte, ist dies allein schon Beweis genug, dass das Christentum aus der judäischen Provinz den Weg in die Hauptstadt des Imperium Romanum gefunden hatte. Dasselbe galt offenbar

auch für die meisten anderen Städte der römischen Antike am Ende
der 60er Jahre des ersten Jahrhunderts.

Vordergründig sollte sich an der weltgeschichtlichen Situation
in den folgenden Jahrzehnten auch nicht viel ändern, blieben doch
die Bedingungen der römischen Herrschaft weitgehend die gleichen und erreichte das römische Weltreich unter Kaiser Hadrian
(117–138 n. Chr.) seine grösste Ausdehnung.

Die ersten Christen lebten unter den politischen, religiösen und
wirtschaftlichen Gegebenheiten der römischen Kaiserzeit und wurden dabei gewiss von den innenpolitischen Stürmen (Caligula, Nero, Dreikaiserjahr etc.) ebenso erfasst wie die übrigen Einwohner
des römischen Reichs auch.

Andere Faktoren als die grosse Weltgeschichte sollten viel grössere Auswirkungen auf die Christenheit haben:

Zunächst ist dabei an die endgültige Trennung von Judentum
und Christentum zu denken, die in der zweiten Hälfte des 1. Jahrhunderts durch verschiedene Umstände beschleunigt wurde. Einer
dieser Umstände lag im jüdischen Krieg von 66–70 n. Chr., der mit
der Zerstörung Jerusalems endete. Die judenchristlich geprägte
Urgemeinde in Jerusalem wurde davon ebenso betroffen wie das
jüdische Volk. Und ein Judentum, das sich nach 70 mühsam wieder
organisieren musste, konnte erst recht keine Anhänger eines als
Aufrührer Gekreuzigten in seinen Reihen dulden, umgekehrt wollten die christlichen Gemeinden aber natürlich auch nicht in denselben Topf geworfen werden wie die verrufenen Aufständischen.

Das Christentum war darum fortan überwiegend heidenchrist-
lich geprägt, erst recht da es seine Führergestalten aus der ersten
Generation wie Paulus, Petrus und Jakobus inzwischen verloren
hatte. Eine neue Generation Christen wuchs heran, die weder Jesus
noch die ersten Apostel persönlich gekannt hatte. Es stellte sich damit natürlich die Frage nach den Grundlagen des Christentums in
einer neuen Weise – das persönliche Zeugnis der Apostel musste in
eine andere Form überführt werden.

Hinzu kam die Frage des Verhältnisses der verschiedenen
christlichen Gemeinden zueinander, erst recht nach dem Verlust
von Jerusalem als erstem Zentrum. Wohl standen die Gemeinden
in einem gewissen Austausch untereinander, doch eigentliche über-
greifende kirchliche Strukturen hatten sich noch nicht gebildet.

Fragen warf auch auf, dass die von den ersten Christen als unmittelbar bevorstehend erwartete Wiederkunft Christi immer länger auf sich warten liess. Die zweite und dritte Generation der
Christinnen und Christen musste sich mit dieser «Parusieverzögerung»[158] abfinden und sich zugleich die Frage stellen, wie man sich
denn als Christ in dieser Welt auf längere Sicht einrichten sollte.

Es erstaunt nicht, dass vor diesem Hintergrund ein Prozess der
Sammlung der Jesus-Überlieferungen einsetzte, der letztlich die
Evangelien hervorbrachte.

3. Die Evangelien nach Markus, Matthäus und Lukas und die Apostelgeschichte:

Die drei sogenannten synoptischen Evangelien nach Markus, Matthäus und Lukas stammen alle aus der geschilderten Epoche. Man
nennt sie «synoptisch», weil sie in vielem parallel laufende und
zum Teil wörtlich gleiche Texte enthalten, die man nebeneinander
abdrucken kann, so dass eine «Synopse»[159] entsteht. Gut zu erkennen ist dies auch daran, dass die meisten gängigen Bibelausgaben
zu den Titeln der einzelnen Perikopen[160] auch die jeweiligen Parallelen in den jeweils anderen Evangelien angeben.

Auffällig ist nun, dass der grösste Teil des Markus-Textes bei
Matthäus und Lukas wiederzufinden ist, darüber hinaus aber Matthäus und Lukas weiteres gemeinsames Material bieten. Hinzu
kommen, besonders wiederum in Matthäus und Lukas, Texte, die
nur im jeweiligen Evangelium enthalten sind.

Als wenige Beispiele seien etwa die folgenden Texte genannt:
Die Stammbäume, Weihnachtsgeschichten und Kindheitsgeschich-
ten in Matthäus 1–2 bzw. Lukas 1–2 sind verschieden und nur im
jeweiligen Evangelium zu finden, während etwa die Bergpredigt

---

158 Der Begriff meint die Verzögerung der erwarteten Wiederkunft Christi («Paru-
sie», vom griechischen Begriff παρουσια (= Erscheinen des Königs) abgeleitet).
159 Der Ausdruck stammt aus dem Griechischen und meint eigentlich «zusammen-
sehen, Zusammenschau».
160 Als Perikopen – aus dem griechischen περικοπη (= umhauenes Stück) – werden
Abschnitte biblischer Texte bezeichnet. In vielen Kirchen werden diese Abschnitte nach einer festgelegten Leseordnung («Perikopenordnung») in den
Gottesdiensten gelesen.

Mt 5–7 zum grossen Teil bei Lukas an verschiedenen Stellen im Evangelium (z. B. Lk 6,20–49; 11; 12) in anderer Zusammenstellung wiederzufinden ist. Die Erzählung von der Taufe Jesu dagegen findet sich in Mt 3,3–17, Lk 3,21f und Mk 1,9–14 sowohl in Übereinstimmung als auch mit verschiedenen Eigenheiten. Weitere Beispiele lassen sich unschwer ergänzen, genannt seien nur noch die Heilung des Aussätzigen (Mk 1,40–45 entsprechend Mt 8,1–4 und Lk 5,12–16) oder die Anfrage des Täufers bei Jesus (Mt 11,1–6 entsprechend Lk 7,18–23).

Dieser Sachverhalt hat seit der Zeit der Alten Kirche die Gelehrten beschäftigt, und Ende des 19. Jahrhunderts hat sich als wohl einzige einleuchtende Lösung die sogenannte Zwei-Quellen-Theorie durchgesetzt. Diese besagt, dass das Markusevangelium als erstes der drei synoptischen Evangelien entstand und es daneben eine heute nicht mehr vorhandene «Spruchquelle» gab. Aus diesen beiden Quellen schöpfen dann das Matthäus- und das Lukas-Evangelium und ergänzen beide noch – wohl aus weiteren Überlieferungen – je sogenanntes Sondergut wie beispielsweise eben die Geburtsgeschichten.

Nach diesem Erklärungsmodell ergibt sich dann etwa das folgende Bild des Überlieferungsprozesses des synoptischen Evangelienstoffs: Mit dem Beginn christlicher Mission wurde da und dort das mündliche Überlieferungsgut, die Erzählungen über Jesus, seine Worte, gesammelt und nach und nach schriftlich festgehalten, zunächst wohl in der aramäischen Sprache der Urgemeinde und Jesu, sehr bald aber auch im Griechischen der Gemeinden rund ums Mittelmeer. In diesen Zusammenhang dürften die oben genannte «Sammlung von Herrenworten» bzw. «Lehre Jesu» gehören, auf die Paulus und Markus Bezug nehmen. Auch die Spruchquelle Q, die zunächst wohl schon aramäisch und dann später in griechischer Sprache schriftlich vorlag, ist in diesen Überlieferungsprozess einzuordnen.

Der Verfasser des *Markusevangeliums* ging nun insofern einen Schritt weiter, als er aus dem ihm bekannten Material, mündlichen Überlieferungen wie auch einzelnen Schriftstücken, eine Art Jesus-Erzählung erarbeitete, die das Wirken, Leiden, Sterben und die Auferstehung Jesu schildert.

Wer dieser Verfasser genau war, wissen wir nicht. Die christliche Legende hat ihm den Namen Markus gegeben. Gewiss hat er nicht

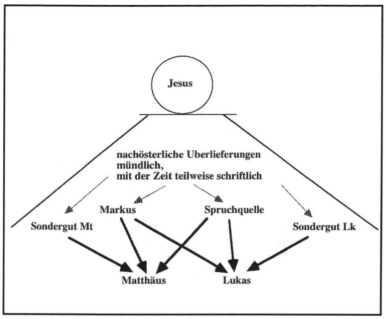

Die Grundzüge der 2-Quellen-Theorie

zu den Augenzeugen gehört, sondern entstammte einer späteren Generation. Sein Werk dürfte, nach dem Gleichnis von den bösen Winzern Mk 12,1–12, das in V. 9 die Katastrophe der Zerstörung Jerusalems apostrophiert, und nach der Legende vom Zerreissen des Vorhangs im Tempel Mk 15,28 zu schliessen,[161] kurz nach dem Ende des jüdischen Kriegs im Jahr 70 entstanden sein. Da Markus griechisch schreibt und seinen Lesern teilweise aramäische Worte übersetzt und jüdische Sitten erklärt,[162] richtete er sich an ein hellenistisch geprägtes Publikum, wohl überwiegend heidenchristlicher Herkunft. Zudem verraten seine teilweise unrealistischen geographischen Angaben,[163] dass er Palästina nicht selber kannte.

---

161 Es ist nur schwer denkbar, dass eine solche Notiz unwidersprochen geblieben wäre, solange der Tempel noch stand und auch von Judenchristen noch gelegentlich besucht wurde.

162 Z. B. Mk 7,2ff; 5,41; 7,34.

163 Z. B. «das Gebiet der Gerasener» Mk 5,1; die Routen Mk 7,31 und 10,1; die Reihenfolge Betfage, Betaniën, Jerusalem in Mk 11,1.

Andererseits verrät er gute Kenntnisse der jüdischen Theologie und Messiaserwartungen, so dass man in ihm selbst wohl einen ursprünglichen Judenchristen zu sehen hat, der sich an eine heidenchristliche Gemeinde richtet. Dies könnte auf eine syrische oder kleinasiatische Gemeinde hindeuten.

Theologisch interessant ist besonders, dass Markus die Gottessohnschaft Jesu an drei zentralen Stellen benennt: Bei der Taufe (1,11), in der Verklärungsszene (9,7) und bei der Kreuzigung durch den römischen Hauptmann (15,39). Für Markus ist Jesus der auf Erden gekommene Gottessohn, dessen Geschichte er aufzeichnet, die aber erst von der Auferstehung her verstanden werden kann: Mehrfach erscheint im Markusevangelium nach einem Heilungswunder das Gebot Jesu an die Geheilten oder die Jünger, nicht darüber zu sprechen (z. B. Mk 1,25.34; 3,12; 5,43; 7,36; 8,30; 9,9). Markus zeigt damit, dass das Entscheidende nicht bei den Wundern zu suchen ist, sondern in der Geschichte des auf Erden wirkenden, aber vielfach verkannten und erst in Tod und Auferstehung sichtbar werdenden Gottessohnes.

Anzufügen ist, dass die besten Handschriften des Markusevangeliums mit Mk 16,8, enden. Offensichtlich ist hier der Schluss des ursprünglichen Markusevangeliums zu suchen, so beunruhigend dieser offene Schluss auch sein mag. In unseren Bibeln ist aber meistens eine längere Fassung abgedruckt, die späterer Bearbeitung entstammen dürfte.

Die Leistung des Markus, der die Gattung des Evangeliums geschaffen hat, ist nicht zu verkennen, denn sie wurde auch zur Grundlage für Matthäus und Lukas. Das *Matthäusevangelium* verbindet den Stoff des Markusevangeliums mit Texten aus der Spruchquelle und weiterem Sondergut des Matthäus. Das Matthäusevangelium ist demnach jünger und dürfte um ca. 80 n. Chr. geschrieben worden sein. Es hat in vielem einen etwas anderen Charakter als Markus, insbesondere fallen die vielen Schriftzitate auf: Immer wieder wird eine Stelle aus dem Alten Testament zitiert und als erfüllt benannt. So bestimmen etwa die Schriftgelehrten in Mt 2,5f den Geburtsort Jesu mit einem Zitat aus dem Michabuch, und die Rückkehr Jesu aus der Wüste nach Kafarnaum wird Mt 4,12f mit einem Jesajazitat begründet. In der matthäischen Fassung der Bergpredigt bezeichnet sich Jesus als derjenige, der das Gesetz erfülle (5,17f). Diese Erfüllung der Schrift belegt Matthäus immer und immer wieder, und er betont zugleich die Erfüllung des Gebots der Nächstenliebe auch in der Tat. Die Erfüllung der Schrift durch Jesus findet so ihr Spiegelbild in der Erfüllung des Gebots der Nächstenliebe im Tun der Christusgläubigen.

Matthäus repräsentiert demnach ein Christentum, das in Jesus den verheissenen Messias sieht, aber auch grossen Wert auf die aus seiner Botschaft folgende Ethik legt und sich dem alttestamentlichen Gesetz verpflichtet sieht. Man darf wohl annehmen, dass Matthäus für eine judenchristlich geprägte Gemeinde schrieb, wie es sie in Syrien lange noch gegeben haben dürfte. Dafür sprechen auch Semitismen in seinem Griechisch und die sehr gute Kenntnis des Alten Testaments und jüdischer Schriftauslegung.

Wohl der am stärksten von der griechischen Welt geprägte unter den Evangelisten ist Lukas, der Verfasser des *Lukasevangeliums und der Apostelgeschichte*. Der Legende nach war er ein Gefährte des Paulus auf dessen Missionsreisen. Dies lässt sich allerdings keineswegs belegen, im Gegenteil gibt es doch gerade auch zwischen den Briefen des Paulus und der Apostelgeschichte etliche Differenzen.[164]

Die Sprache des Lukas verrät, dass er eine gute hellenistische Bildung erworben hatte und sich in den Formen seiner Zeit auszudrücken wusste. Die am Vorbild anderer griechischer Schriftsteller orientierte Einleitung (1,1–4) seines Evangeliums verrät das grosse Anliegen des Lukas: Er suchte, aus der Fülle der Überlieferungen die zuverlässige Christusgeschichte zu erarbeiten, letztlich in der Art eines griechischen Historikers. So ist Lukas auch der einzige Evangelist, der die Lebensgeschichte Jesu konkret in der Weltgeschichte zu verankern versucht (Lk 2,1–2; Lk 3,1) und sich für die genaue Reihenfolge der Ereignisse interessierte. Darum stellt er den Weg Jesu von seiner Taufe am Jordan über Nazaret und durch Galiläa als einen folgerichtigen Weg nach Jerusalem dar. Und in der Apostelgeschichte zeichnet er am Beispiel des Paulus den Weg des Christentums von der Urgemeinde in Jerusalem bis hin nach Rom nach. Das Leben Jesu wird von Lukas als der Weg aus der Provinz ins Zentrum des Judentums geschildert, der Weg des Evan-

---

164 Z. B. in der Schilderung des Apostelkonzils, vgl. Gal 2 mit Apg 15.

geliums führt von der römischen Provinz hin ins Zentrum des römischen Reichs.

Vieles ist dabei allerdings mehr das Postulat des gelehrten Schriftstellers, der sozusagen den roten Faden der Jesus-Geschichte und der Mission auf seine Weise verfolgt.

Lukas bemüht sich im Übrigen sehr um einen exakten Umgang mit seinen Quellen, wenn er etwa den Aufbau des Markusevangeliums weitgehend übernimmt, zugleich aber auch seine Quellen korrigiert: Beispielsweise ändert er konsequent die Stellen ab, an denen das Markusevangelium vom See Gennesaret als vom «Meer» spricht, und benutzt selber nur den Ausdruck «See». Bei aller Sorgfalt im Umgang mit seinen vielen Quellen – der Umfang an lukanischem Sondergut ist recht gross – bemüht sich der Evangelist aber auch um eine einfache Sprache und um eine bildhaft zugängliche Schilderung. Zum Beispiel illustriert er das Doppelgebot der Liebe (Lk 10,25–28, nach Markus) sogleich durch das Gleichnis vom barmherzigen Samaritaner (Lk 10,29–37, Sondergut). Man beobachtet auch, dass er seinen Stil je nach Zusammenhang abwandeln und anpassen kann, immer mit dem Ziel, das Erzählte anschaulich und einfühlbar zu schildern.

Theologisch steht für Lukas die Geschichte Jesu als Heilsgeschichte für alle Menschen im Zentrum, und er legt gerade in der Apostelgeschichte auch grossen Wert auf die Ausbreitung des Christentums unter den «Heiden», ohne dass Beschneidung oder Reinheitsgesetz eingefordert würden. Das christliche Ethos ist für ihn bestimmt durch das Doppelgebot der Liebe und die besondere Sorge um Frauen, Kinder, Arme und alle Vernachlässigten der Gesellschaft.

Lukas schlägt damit inmitten einer griechischen Welt, die die Stärke des Wettkämpfers bewunderte und das Leben als einen einzigen grossen Wettkampf verstand, erstaunliche Töne an und versucht gerade diesen hellenistisch geprägten Menschen das Besondere der Jesus-Geschichte und der christlichen Mission zugänglich zu machen.

Wo genau das Evangelium und die Apostelgeschichte entstanden sind, wissen wir nicht. Der Evangelist Lukas hat nach Markus geschrieben, wohl etwa um 80–90 n. Chr., und er richtete sich an eine weitere Öffentlichkeit, die griechisch-römisch geprägt war. Er dürfte gebürtiger Grieche gewesen sein, sei es aus Kleinasien oder aus Griechenland selbst, den genauen Ort kann man nicht sicher bestimmen.

Gemeinsam ist den synoptischen Evangelien, dass sie es unternahmen, für ihre jeweiligen Gemeinden und Lebenssituationen die Geschichte und Worte Jesu darzustellen. Sie sind Ausdruck eines Christentums, das sich über seine Grundlagen Rechenschaft zu geben versuchte und zugleich die Vergangenheit der Jesus-Geschichte für seine Gegenwart fruchtbar zu machen verstand. Dabei haben alle drei Evangelisten aus ihrer jeweiligen Situation heraus besondere Akzente in ihrer Schilderung gesetzt, und es ist wohl einer der grössten Schätze der Christenheit, dass nicht ein einziges Evangelium weitergegeben wurde, sondern alle drei synoptischen Evangelien, später um das Johannesevangelium ergänzt, im Kanon Eingang gefunden haben. Erst so wird der ganze Reichtum, die wunderbare Unfassbarkeit der Jesus-Geschichte, die immer wieder neu gelesen und verstanden werden will, auch für uns spätere christliche Generation zugänglich.

Das 2. christliche Jahrhundert, der johanneische Kreis und die Paulus-Schüler

1. Zur Quellenlage

Auch nach Paulus und den synoptischen Evangelien entwickelte sich die Christenheit weiter. Leider fliessen auch dafür die Quellen spärlich, obwohl mit der neronischen Christenverfolgung und auch der späteren Christenverfolgung des Kaisers Domitian das Christentum gegen Ende des 1. Jahrhunderts in das Bewusstsein einer weiteren Öffentlichkeit getreten war. So bleiben als Quellen wiederum nur die späten Schriften des Neuen Testaments und die ersten ausserbiblischen christlichen Schriften, wie etwa die Apostellehre oder der 1. Clemensbrief, der von den Martyrien in den ersten Verfolgungen erzählt. Aus diesen wenigen Quellen muss nun das geschichtliche Bild rekonstruiert werden.

2. Zur geschichlichen Situation

Das Christentum hatte sich unter den Bedingungen des römischen Reichs weiter verbreitet, man wird davon ausgehen dürfen, dass praktisch in allen grösseren Städten des römischen Reichs entlang den Handelswegen die Christusbotschaft schon verkündigt worden war und sich an vielen Orten auch Gemeinden der dritten und vierten Generation gebildet hatten. Diese Gemeinden sahen sich allerdings vielfältigen Herausforderungen gegenüber.

Zu nennen ist zunächst das Problem der andauernden Parusieverzögerung: Die erhoffte Wiederkunft Christi war immer noch ausstehend, und man musste damit rechnen, dass es noch länger dauern würde. Es galt also, sich als Christinnen und Christen in dieser Welt einzurichten und die Gemeinden auf eine längere Existenz hin zu organisieren.

Hier nun stellte sich das zweite Problem: Wer sollte die Gemeinden führen, wer die Verantwortung tragen? Und welche von den weiterhin umherreisenden Aposteln waren wahre Lehrer, welche falsche Propheten? Auf solche alltägliche Fragen der Ethik, des Gottesdiensts und des Umgangs mit Wanderpredigern gibt die «Apostellehre» (*Didache*) Antwort, die als älteste erhaltene Kirchenordnung nun auch zur Wahl von Bischöfen und Diakonen aufruft.[165]

Es bildeten sich also in der Christenheit feste Ämter und Regeln heraus, erst recht, da das Problem der Irrlehrer nun ebenfalls aufkommt: Was hatte als christlich zu gelten, und was nicht? Wer stand auf dem Boden des Christentums, wer nicht (mehr)?

Hinzu kam, dass sich die Situation des Christentums im römischen Reich durch die Forderung Kaiser Domitians, als Gott verehrt zu werden, Ende des 1. Jahrhunderts massiv verschlechtert hatte. Die Forderung der Kaiserverehrung konnte von Juden und Christen nicht erfüllt werden. Doch während das Judentum eine gesicherte rechtliche Stellung hatte und von der Forderung der Kaiserverehrung einigermassen ausgenommen war, galt dies für die Christen, die sich vom Judentum losgelöst hatten, nicht mehr. In der domitianischen Christenverfolgung fanden deshalb in Rom wie in Kleinasien und Syrien viele Christinnen und Christen den Märtyrertod.

Auch nach dem Tod des Domitian blieb die Lage gefährlich, wie etwa der Briefwechsel des Kaisers Trajan mit seinem Statthalter Plinius dem Jüngeren in einer Gegend Kleinasiens zeigt (um 110): Die Christen, über die Plinius nicht viel mehr weiss, als dass sie sich am frühen Sonntagmorgen zum Gottesdienst trafen, dabei allem Bösen abschworen und abends zu einer Mahlzeit zusammenkamen, gelten als abergläubische Verbrecher. Plinius berichtet, dass jene Christen, die dem Standbild des Kaisers opferten und dem Christentum abschworen, straflos ausgingen, die anderen aber allein schon wegen ihres Starrsinns zum Tod verurteilt wurden. Diese Praxis wurde vom Kaiser bestätigt, mit dem Hinweis, dass Christen nicht aktiv gesucht werden müssten, sondern einfach dann abgeurteilt werden sollten, wenn sie den Behörden bekannt würden.

---

165 Die Apostellehre stammt aus der Zeit um ca. 100 und dürfte in Syrien entstanden sein.

In dieser gefährlichen Grauzone von stillschweigender Duldung und öffentlicher Verurteilung lebte fortan die Christenheit. Dennoch scheinen die christlichen Gemeinden weiter gewachsen zu sein.

Eine weitere Frage stellte sich mit dem Aufkommen neuer religiöser Strömungen wie der sogenannten Gnosis, die in einigen Punkten christlichem Erlöserglauben nahestand. Vereinfacht gesagt, ging die Gnosis (von griechisch für «Erkenntnis») davon aus, dass ein schlechter Gott die Welt geschaffen habe, in der die lichterfüllten Seelen der Menschen gefangen sind, und aus der sie von einem guten Gott durch die Sendung eines Erlösers befreit werden sollten.[166] Das Christentum musste sich nun nicht nur mit den klassischen Religionen der römisch-griechischen Welt, sondern auch mit solchen neuen religiösen und teilweise recht esoterisch anmutenden Strömungen auseinandersetzen.

Christ sein hiess also, sich in einer recht schwierigen Welt politisch und religiös zurechtzufinden.

3. Die nachpaulinischen Briefe als Ermahnungen zum Ausharren in dieser Welt

Eine Antwort auf die genannten Schwierigkeiten findet sich in den nachpaulinischen Briefen, die teils unter dem Namen des Paulus (Epheser-, Kolosserbrief etc.) oder anderer Apostel (Petrusbriefe, Jakobusbrief) umliefen. Bei allen Unterschieden in ihrer spezifischen Theologie ist ihnen doch gemeinsam, dass die Christen

---

166 Mit *Gnosis* wird eine Strömung bezeichnet, die sich mit verschiedenen Religionen verbinden konnte. In den christlich inspirierten gnostischen Gruppen wurde der böse Schöpfergott in der Regel mit dem Gott des Alten Testaments identifiziert, während der Vater Jesu als der gute Gott des Lichts galt. Jesus wurde als der Erlöser gesehen, der die erleuchteten Seelen aus dem Gefängnis der Welt befreien würde. Die christliche Gnosis hat ein reiches Schrifttum hervorgebracht, darunter auch solche Schriften, die erst in den letzten Jahrzehnten wieder gefunden wurden. Oft haben Funde gnostischer Schriften in der Weltpresse auch grossen Widerhall gefunden, da sie neue Enthüllungen zu versprechen schienen wie etwa das kürzlich restaurierte und der Weltöffentlichkeit präsentierte Judas-Evangelium. Betrachtet man diese Schriften genauer, verlieren sie viel von ihrem Reiz, denn sie entfalten primär die gnostische Lehre und Weltsicht, bieten aber keine wirklichen Neuigkeiten über Jesus.

zum Ausharren in dieser Welt ermahnt und vor Irrlehrern gewarnt
werden (vgl. Kol 2,8ff; 1Tim 4,6ff; Tit 1,10ff; 2Petr 2) und zugleich
Anweisungen für den christlichen Lebenswandel (Eph 5; Titus 2;
1Petr 2ff) und die Einrichtung kirchlicher Ämter (vgl. Eph 4,9ff;
1Tim 3) erhalten. Welche Themen für die Gemeinden aktuell waren, zeigt sich dabei sehr schön im 1. Petrusbrief:

Auf eine vergewissernde Danksagung für die christliche Hoffnung (1,3–12) folgen Ermahnungen für den christlichen Lebenswandel (1,13–5,11), die die verschiedensten Lebensbereiche um-
fassen: Nach allgemeinen moralischen Grundsätzen werden die
Christen ermahnt, dem Kaiser untertan zu sein (2,13–17), die Sklaven zur Duldung nach dem Vorbild Christi angehalten (2,18–25),
die Frauen ermahnt, ihren Männern untertan zu bleiben (3,1–6),
und umgekehrt die Männer angehalten, rücksichtsvoll mit den
Frauen umzugehen (3,7). Es folgen dann nochmals allgemeine Ermahnungen zur Rechtschaffenheit (3,8ff) und auch zum freudigen
Ausharren in Verfolgung (4,12ff).

In diesen Texten bildet sich ein Christentum ab, das auf den
ersten Blick weit entfernt vom Geist der Freiheit des Paulus (Gal 3)
oder des mutigen Predigers Jesus zu sein scheint. Und doch hat das
Christentum wohl unter dem Druck der Welt nur so seinen Weg gehen können, indem es in der Gesellschaft möglichst nach aussen
nicht auffiel, nach innen aber die Werte der Nächstenliebe und eines barmherzigen Umganges untereinander nicht aufzugeben versuchte. Gerade so ist die Botschaft Jesu auch auf die späteren Gene-
rationen übergegangen.

4. Das Johannesevangelium und der johanneische Kreis

Grundsätzlich in die gleiche Phase gehört auch die Entstehung des
Johannesevangeliums. Im Vergleich zu den synoptischen Evangelien fällt sein deutlich anders gearteter Charakter auf, und dies
beginnt schon mit dem berühmten Anfang «Im Anfang war das
Wort» (Joh 1). Das Johannesevangelium bietet nun weniger Erzählungen über das Leben Jesu, sondern breite Reflexionen darüber,
wer Jesus denn ist. Die berühmten Reden von Jesus als dem Licht
der Welt (Joh 8,12ff), dem guten Hirten (Joh 10,1ff) oder dem
Weinstock (Joh 15,1ff) sind bildhafte Aussagen über Jesus als den

von Gott gesandten Erlöser. Viele der Bilder und Ausdrücke, die im Johannesevangelium verwendet werden, lassen eine Auseinandersetzung mit der frühen gnostischen Bewegung vermuten,[167] in der Johannes (gegen die Auffassung der Gnosis) die Einheit der ganzen Schöpfung vertritt und Jesus als den vom Schöpfergott gesandten Erlöser und als Gottessohn schildert.

Zugleich wird im Johannesevangelium eine verschärfte Auseinandersetzung mit dem Judentum sichtbar, das nun als eine Einheit erscheint. Nicht mehr mit einzelnen jüdischen Gruppierungen führt der johanneische Jesus Streitgespräche, sondern pauschal mit «den Juden».[168] Dies setzt eine Situation voraus, in der nach dem jüdischen Krieg das Judentum de facto nur noch aus der pharisäischen Richtung wiedererstand und in seinen Synagogen keine anderen Strömungen mehr dulden durfte – schon gar keine, die inzwischen die Aufmerksamkeit des römischen Staates auf sich gezogen hatte. Von daher ist zu vermuten, dass das Johannesevangelium etwa um 100 n. Chr. in Palästina entstand und ein Christentum vertritt, das sich sowohl schmerzhaft vom Judentum gelöst hatte als sich auch gegen frühe gnostische Strömungen abgrenzte, das dabei aber die Hoffnung auf Jesus als den von Gott gesandten Erlöser wach erhielt und sich vom Geist als Tröster getragen wusste (Joh 16,5ff). Auch im Johannesevangelium sind verschiedene mündliche und schriftliche Überlieferungen verarbeitet worden, auch wenn es sehr schwierig ist, deren genaue Ursprünge zu bestimmen.

In geistiger Verwandtschaft zum Johannesevangelium sind auch die drei Johannesbriefe zu sehen, die zwar wohl nicht unbedingt vom selben Verfasser stammen wie das Evangelium selbst, aber in einer ähnlichen Sprache und Theologie die Christen vor Irrlehre und Hoffnungslosigkeit warnen.

Der sogenannte johanneische Kreis repräsentiert so ein etwas anders geartetes Christentum, als wir es aus dem synoptischen Evangelien oder den Paulusbriefen kennen. Dennoch haben – trotz mancher Widerstände – auch diese Schriften Aufnahme in den neutestamentlichen Kanon gefunden.

---

167 So etwa die ganze Licht-Finsternis Metaphorik.
168 Vgl. z. B. Johannes 5 im Vergleich zu Mt 12,9ff.

5. Der Weg zum Kanon

Gegen Ende des 2. Jahrhunderts ist der neutestamentliche Kanon in seinen Grundzügen entstanden. Die christlichen Gemeinden tauschten die verschiedenen Schriften untereinander aus, und bald bildete sich ein Grundstock an Schriften heraus, der für alle Gemeinden Verbindlichkeit gewann. Dennoch war lange noch umstritten, ob beispielsweise das Johannesevangelium zum Kanon zu zählen sei oder nicht. Angeregt wurde die Kanonfrage gewiss auch durch Stimmen wie jene des Marcion, der um die Mitte des 2. Jahrhunderts nur das Lukasevangelium und eine Auswahl von Paulusbriefen als Grundlage des christlichen Glaubens gelten lassen wollte, alle anderen Schriften, das Alte Testament inbegriffen, aber verwarf.[169]

Das Christentum hat einen anderen Weg gewählt, indem es einen breiteren Kanon anerkannte, in dem das Alte Testament ebenso seinen Platz erhielt wie die Vielfalt der neutestamentlichen Schriften. Es hat aber zur christlich geprägten Gnosis hin eine strikte Grenze gezogen und beispielsweise das sogenannte Thomasevangelium, das aus gnostischen Kreisen Ägyptens stammt, nicht anerkannt.

Nach allem, was wir wissen, bildete der Kanon sich nicht von einem Tag auf den andern. Dennoch scheint er in seinen Grundzügen – den vier Evangelien, der Apostelgeschichte und den sogenannt apostolischen Briefen – gegen Ende des 2. Jahrhunderts umrissen gewesen zu sein. In diesem Kanon bildet sich eine grosse Breite an theologischen Auffassungen und geschichtlichen Entwicklungen ab. Damit steht das Christentum immer wieder neu vor der Aufgabe, seine Gegenwart im Bezug zu den kanonischen Schriften zu bedenken, ohne dass ihm eine einzige gültige Form vorgegeben wäre.

---

169 Vgl. dazu oben S. 20 ff.

Ein paar Nachsätze – oder was ist Wahrheit?

In aller Kürze haben wir nun mehr als ein Jahrtausend biblischer Geschichte durchschritten. Viele Fragen konnten nur angezeigt oder angetippt werden, einzelne biblische Schriften wie die meisten kleinen Propheten oder die Weisheitsliteratur des Alten Testaments (Sprüche, Kohelet, Hiob) oder auch die Johannesoffenbarung des Neuen Testaments wurden nicht näher besprochen. Und zu allen biblischen Büchern gäbe es ohnehin noch sehr viel mehr zu sagen und auch zu erforschen. Dies musste hier unterbleiben. Es sollte vielmehr in grossen Zügen ein Bild der Entstehung unserer Bibel im Laufe der Geschichte und der Vielfalt der Fragestellungen, mit denen sich die Verfasser der biblischen Schriften konfrontiert sahen, entworfen werden. Daraus ergaben sich auch die Grundzüge der Entwicklung biblischen Glaubens nach heutigem Forschungsstand.

Dabei zeigte sich mehrmals, dass eine plausible historische Rekonstruktion der Geschehnisse in vielem ein anderes Bild ergibt, als es die biblischen Erzählungen entwerfen. Dies ist vielleicht zuerst einmal eine Enttäuschung, öffnet aber auch die Tür zu einem neuen Verständnis der biblischen Geschichten. Sie sind eben nicht Tatsachenberichte im Sinne von Polizeirapporten oder Gerichtsakten, sondern sie erzählen zuerst einmal davon, wie das Alte Israel oder die ersten Christen Gott erfahren und entdeckt haben. Und sie kleiden diese Erfahrungen oftmals in Bilder, kraftvolle Bilder. Hier liegt ihre eigentliche Wahrheit, die Wahrheit und Wirklichkeit menschlichen Glaubens.

Oder anders gesagt: Für die biblischen Glaubenszeugen hängt die eigentliche Wahrheit nicht daran, ob die Mauern Jerichos tatsächlich unter den Augen des betenden Israel zu Staub zerfielen. Diese Erzählung ist vielmehr ein kraftvolles Bild dafür, dass in der frühen Eisenzeit jene Menschen, die sich später einmal Israel nannten, in Palästina sesshaft werden konnten und sich gegen die Fürsten und schwer bewaffneten Truppen der Stadtstaaten behaupten konnten, ja dass mit der Zeit sogar die Städte in ihrer Stammesgesellschaft aufgingen. Diese Entwicklung wurde als ein Eingreifen Gottes in die Geschichte erlebt und gedeutet: Er zerstörte die Mauern der übermächtigen Städte.

Derselbe Vorgang, dass ein geschichtlicher Sachverhalt durch den Glauben gedeutet und mit einem ausdrucksstarken, aber nicht unbedingt historischen Bild geschildert wird, liesse sich an anderen Beispielen zeigen, sei es am Durchzug durch das Schilfmeer, sei es am sprichwörtliche Sieg Davids gegen Goliat, sei es an der Weisheit und dem Reichtum Salomos oder sei es im Neuen Testament an den Wundern Jesu.

Wenn wir auf diese Weise die Deutung der Geschichte durch den Glauben erfassen wollen, müssen wir natürlich die Geschichte im Sinne der Historie selbst zu rekonstruieren versuchen, dürfen dabei aber nicht stehen bleiben. Was würde es einem Menschen zu Beginn des 21. Jahrhunderts denn helfen, wenn er sicher wüsste, dass einmal in ferner Vergangenheit eine Stadtmauer nur durch den Schall der Widderhörner zum Einsturz gebracht wurde? Wohl kaum etwas. Aber wenn er entdeckt, dass die Menschen damals in ihrer Geschichte Gottes Handeln erkannten, dann wird er vielleicht selbst auch dazu ermutigt, in seiner heutigen Lebensgeschichte nach Gottes Handeln und Gegenwart zu suchen.

Die Frage nach der Wahrheit des Glaubens, die wohl jede Generation immer wieder neu stellen und für sich beantworten muss, hängt also nicht einfach von der Historie als solcher ab. Sie muss mit der Geschichte aber verknüpft werden, einerseits um die Deutung der Geschichte durch den Glauben zu erkennen, andererseits aber auch schlicht und einfach, um die biblischen Texte in ihrem Sinn erfassen zu können. Denn wenn biblische Texte Geschichte erzählen, sind sie in ihrer sprachlichen Gestalt und in ihrer Begrifflichkeit auch von dieser Geschichte geprägt worden und lassen uns darum heute die Distanz von vielen Jahrhunderten spüren, sie scheinen aus einer fremden Welt zu stammen. Wenn wir aber wissen, unter welchen geschichtlichen und kulturellen Bedingungen die Texte entstanden sind, fällt es uns leichter, ihre Aussagen zu erfassen und diese auf uns und heute zu beziehen.

Um dafür eine Orientierung zu geben und vielleicht auch die Lust auf eigene Entdeckungsreisen in der Welt der Bibel zu wecken, wurde dieses kleine Buch geschrieben.

Zeittafel

Wichtige Ereignisse

13. Jh. v. Chr.	*Chapiru*-Gruppen/Vätergruppen (?) in Palästina
vor 1200 v. Chr.	Mose, Auszug aus Ägypten
ca. 1200– 1000 v. Chr.	Landnahme, Zeit der Richter
um 1000 v. Chr.	Saul, David
926 v. Chr.	Tod Salomos, Teilung in zwei Königreiche
845 v. Chr.	Jehu-Putsch in Samaria
722 v. Chr.	Assyrische Eroberung Samarias, Ende des Königreiches Israel
701 v. Chr.	Assyrische Belagerung Jerusalems
622 v. Chr.	Reform Joschijas, Tempel in Jerusalem einziges legales Heiligtum
598/597 v. Chr.	Erster babylonischer Einmarsch in Jerusalem, erste Deportation
587 v. Chr.	Babylonische Eroberung und Zerstörung Jerusalems Zweite Deportation, Ende des Königreichs Juda
539 v. Chr.	Eroberung Babylons durch den Perserkönig Kyros
538 v. Chr	Kyrosedikt, Erlaubnis zur Rückwanderung und zum Wiederaufbau des Tempels
515 v Chr.	Einweihung des zweiten Tempels
333 v. Chr.	Sieg Alexanders bei Issos, Alexander erobert Syrien und Palästina
323 v. Chr.	Tod Alexanders des Grossen, Entstehung der Diadochenreiche Israel kommt unter ptolemäische Herrschaft
nach 200 v. Chr.	Israel kommt unter seleukidische Herrschaft
169–164 v. Chr.	Aufstand der Makkabäer, Entstehung des Makkabäerreiches

194 Zeittafel

14.12.164 v. Chr.	Neueinweihung des Tempels
63 v. Chr.	Römischer Einmarsch in Jerusalem, Beginn der römischen Herrschaft
40–4 v. Chr.	Regierung Herodes des Grossen (als Klientelkönig der Römer)
ca. 5/4 v. Chr.	Geburt Jesu
ca. 27–30	öffentliches Auftreten Jesu
30	Tod Jesu, Entstehung der Urgemeinde in Jerusalem
ca. 50–56	Briefe des Paulus
64	Erste Christenverfolgung
66	Jüdischer Aufstand
70	Zerstörung Jerusalems und des Tempels, Ende des Opferkults
ca. 70–90	Entstehung der synoptischen Evangelien (Mk, Mt, Lk) und der Apostelgeschichte
um 100	Evangelium des Johannes

Literaturverzeichnis

Y. Aharoni, *Das Land der Bibel*, Neukirchen 1984

R. Albertz, *Persönliche Frömmigkeit und offizielle Religion*, Stuttgart 1978

R. Albertz, *Religionsgeschichte Israels in alttestamentlicher Zeit*, ATD Ergänzungsreihe 8, Bd. 1, Göttingen 1992; Bd. 2, Göttingen 1992

E. Blum, *Komposition der Vätergeschichte*, WMANT 57, Neukirchen 1984

G. Bornkamm, *Jesus von Nazareth*, Stuttgart [13]1983

W. Dietrich, *Die Josephserzählung als Novelle und Geschichtsschreibung*, BthS 14, Neukirchen-Vluyn 1989

W. Dietrich, *Die frühe Königszeit*, Biblische Enzyklopädie 3, Stuttgart 1997

Ch. Dohmen/G. Stemberger, *Hermeneutik der Jüdischen Bibel und des Alten Testamentes*, Stuttgart 1996

H. Donner, *Geschichte Israels und seiner Nachbarn in Grundzügen*, ATD Ergänzungsreihe 4, Bd. 1, Göttingen 1984; Bd. 2, Göttingen 1986

K. Durand, *Des Grecs en Palestine au III^esiècle avant Jésus Christ. Le dossier syrien de Zénon de Caunos*, Paris 1997

I. Finkelstein und N.A. Silberman, *Keine Posaunen vor Jericho – Die archäologische Wahrheit über die Bibel*, München 2002

V. Fritz, *Die Entstehung Israels im 12. und 11. Jahrhundert v. Christus*, Biblische Enzyklopädie 2, Stuttgart 1996

K. Galling, *Textbuch zur Geschichte Israels*, Tübingen [3]1979

H.-J. Gehrke, *Alexander der Grosse*, München 1986

J. Gnilka, *Jesus von Nazaret*, Freiburg i.B. [4]1995

B. S. J. Isserlin, *Das Volk der Bibel*, Mainz 2001

E. Jenni, *Lehrbuch der Hebräischen Sprache des Alten Testamentes*, Basel 1981

O. Keel/Ch. Uehlinger, *Göttinnen, Götter, Gottessymbole*, Freiburg i. B. [2]1993

O. Keel/Ch. Uehlinger, *Jahwe und die Sonnengottheit von Jerusalem*, in: Ein Gott allein?, OBO 139, Freiburg 1994, S. 269–306

M. Köckert, *Vätergott und Väterverheissungen*, FRLANT 142, Göttingen 1988

D. Marguerat, *Der Mann aus Nazareth*, Zürich 2004

E. Noort, *Die Seevölker in Palästina*, Kampen 1994

E. Otto, *Jerusalem – die Geschichte der Heiligen Stadt*, Stuttgart 1980

K. Rupprecht, *Der Tempel von Jerusalem*, BZAW 144, Berlin 1976

A. Schweitzer, *Die Geschichte der Leben-Jesu-Forschung*, 1906, Tübingen [9]1984

K. Smelik, *Historische Dokumente aus dem Alten Israel*, Göttingen 1987

H. Spieckermann, *Heilsgegenwart*, FRLANT 148, Göttingen 1989

Th. Staubli, *Biblische Welten – ein Bildatlas*, Stuttgart 2000

H. Stegemann, *Die Essener, Qumran, Johannes der Täufer und Jesus*, Freiburg i.B. [8]1999

G. Theissen/A.Merz, *Der historische Jesus – ein Lehrbuch*, Göttingen [3]2001

T. Veijola, *Deuteronomismusforschung zwischen Tradition und Innovation*, in: ThR 67 (2002), S. 273–327; 391–424; ThR 68(2003), S. 1–44

E. Würthwein, *Der Text des Alten Testamentes*, Stuttgart 1988

W. Zwickel, *Die Welt des Alten und Neuen Testaments*, Calw 1997

Abbildungsverzeichnis

Abb. 1 (S. 27): Alphabete, aus: E. Jenni, *Lehrbuch der Hebräischen Sprache des Alten Testaments, Neubearbeitung des «Hebräischen Schulbuchs» von Hollenberg-Budde*, 3. Auflage Schwabe Verlag, Basel 2003, S. 18. © Schwabe Verlag, Basel

Abb. 2 (S. 28): Lachisch, Ostrakon 4, Abbildung aus E. Würthwein, *Der Text des Alten Testamentes*, Stuttgart 1988. © The Israel Museum, Jerusalem

Abb. 3 (S. 29): Qumran, Jesajarolle, aus: *Die Bibel überliefert und gelebt*, H. Eggenberger, M. Welte, M. Schwarz: 28 Folien (Folie 1a), Zürich 1987. © Theologischer Verlag Zürich/Katechetisches Institut Zürich

Abb. 4 (S. 30): Codex Vaticanus, aus: *Die Bibel – überliefert und gelebt*, H. Eggenberger, M. Welte, M. Schwarz: 28 Folien (Folie 11), Zürich 1987. © Theologischer Verlag Zürich/Katechetisches Institut Zürich

Abb. 5 (S. 35): Armenbibel von 1471, aus: *Die Bibel – überliefert und gelebt*, H. Eggenberger, M. Welte, M. Schwarz: 28 Folien (Folie 19), Zürich 1987. © Theologischer Verlag Zürich/Katechetisches Institut Zürich

Abb. 6 (S. 38): Titelblatt der *Zürcher Bibel* von 1531 («Froschauer Bibel»)

Abb. 7 (S. 43): Der Alte Orient im 2. Jahrtausend vor Christus, Karte aus H. Donner, *Geschichte Israels und seiner Nachbarn in Grundzügen*, ATD Ergänzungsreihe 4/1, Göttingen 1984, S. 31. © Vandenhoeck & Ruprecht, Göttingen

Abb. 8 (S. 53): Israel und Ägypten zur Zeit des Exodus, Karte aus H. Donner, *Geschichte Israels Band 1*, Göttingen 1984, S. 95; mit ergänzenden Einträgen des Verfassers. © Vandenhoeck & Ruprecht, Göttingen

Abb. 9 (S. 60): Palästina in der Eisenzeit mit den Siedlungsgebieten der Stämme Israels, Karte aus V. Fritz, *Die Entstehung Israels,* Biblische Enzyklopädie 2, Stuttgart 1996, S. 10. © Verlag W. Kohlhammer, Stuttgart

Abb. 10 (S. 69): Das Reich König Sauls, Karte aus V. Fritz, *Die Entstehung Israels,* Biblische Enzyklopädie 2, Stuttgart 1996, S. 10, mit ergänzendem Eintrag des Verfassers. © Verlag W. Kohlhammer, Stuttgart

Abb. 11 (S. 71): Das Reich König Davids, Karte aus W. Dietrich, *Die frühe Königszeit*, Stuttgart 1997, S. 164. © Neukirchener Verlag, Neukirchen-Vluyn.

Abb. 12 (S. 79): Die Provinzen Salomos mit den 12 Bezirken gemäss 1. Könige 4,7–19, Karte aus W. Dietrich, *Die frühe Königszeit,* Stuttgart 1997, S. 167. © Neukirchener Verlag, Neukirchen-Vluyn.

Abb. 13 (S. 82): Israel und Juda in der Königszeit, Karte aus H. Donner, *Geschichte Israels Band 2*, Göttingen 1986, S. 285. © Vandenhoeck & Ruprecht, Göttingen

Abb. 14 (S. 88): Die Tel-Dan-Inschrift, Abbildung aus W. Dietrich, *Die frühe Königszeit*, Stuttgart 1997, S. 138. © The Israel Museum, Jerusalem

Abb. 15 (S. 91): Kuntillet-Adjrud, Pithos A, Ausschnitt, Abbildung aus O. Keel, *Monotheismus im Alten Israel und seiner Umwelt*, Fribourg 1980, S. 169. © O. Keel

Abb. 16 (S. 136): Das Reich Alexanders des Grossen, Karte aus H. Bengtson, *Griechische Geschichte,* Handbuch der Altertumswissenschaft III,4, München 1996. © Verlag C. H. Beck, München

Abb. 17 (S. 138): Israel unter ptolemäischer Herrschaft, Karte aus H. Bengtson, *Griechische Geschichte,* Handbuch der Altertumswissenschaft III,4, München 1996. © Verlag C. H. Beck, München

Abb. 18 (S. 139): Israel unter seleukidischer Herrschaft, Karte aus H. Bengtson, *Griechische Geschichte,* Handbuch der Altertumswissenschaft III,4, München 1996. © Verlag C. H. Beck, München

Abb. 19 (S. 154): Grundriss des herodianischen Tempels, Abbildung aus E. Otto, *Jerusalem – die Geschichte der Heiligen Stadt,* Stuttgart 1980, S. 134. © Verlag W. Kohlhammer, Stuttgart

Abb. 20 (S. 156): Palästina zur Zeit Jesu, Karte aus der *Zürcher Bibel,* Fassung 2007, Zürich 2007. © Calwer Verlag, Stuttgart

Abb. 21 (S. 170): Die Reisen des Paulus nach der Apostelgeschichte, Karte aus der *Zürcher Bibel,* Fassung 1931, Zürich 1996. © Verlag der Zürcher Bibel